연변 방언의 곡용과 활용

연변 방언의 곡용과 활용

정향란 지음

한국학술정보㈜

　고향인 연변에서 중학교를 졸업한 나는 사정이 생겨서 길림시 영길현이라는 곳에서 고등학교를 다니게 되었다. 개학 첫날, 나는 우리 반 친구들 앞에서 자기소개를 하게 되었는데, 내 소개말 몇 마디를 듣고 친구들이 나를 쳐다보며 키득키득 웃는 것을 느끼게 되었다. 알고 보니, 내가 자란 연변 지역의 말과 길림 지역의 억양이나 말이 조금 달랐던 것이다. 기숙사까지 나를 데려다 주시고 어머니, 아버지께서 떠나신 후 친구들은 나에게 "느그 어무이 잘 가신나?" 하며 친절하게 인사를 건넸다. "어무이?" 낯선 이 표현을 나는 마음속으로 따라 해 보며 신기하게 여겼는데, 나중에 알고 보니 경상도 지역의 후손들이 많이 모여 살고 있는 길림 지역의 조선족들은 오랜 시간이 지났는데도 그 선조들이 사용했던 방언의 맥을 그대로 지켜 왔던 것이었다. 생각해 보면, 방언에 관심을 가지며, 때로는 따라 말해 가며 재미있어 했던 기억이 있다. 방언에 대한 나의 관심은 아마 그때부터 시작된 셈이다.

　그렇게 시작된 방언에 대한 나의 관심으로 인해 대학을 다니면서 연변 지역 방언의 특징을 찾아 자료를 수집하고 리포트를 작성,

제출하기도 했었다. 하지만 더 깊은 관심을 가지고 연구하고 싶어도 당시에는 여러 가지 여건으로 말미암아 나의 호기심과 관심은 더 발전하지 못하고 말았다.

그러다가 서울대 국문학과에서 박사학위를 받으신 외숙모(현재 중국 복단대학교 한국어학과 교수)의 도움으로 인하대학교에 유학을 가게 되고, 대학원 과정에서 정승철 교수님(현재 서울대학교 국어국문학과 교수)의 지도 아래 국어 방언학에 대해 본격적으로 공부하기 시작하면서, 다시 연변 지역의 언어에 대해 관심을 가지게 되었고, 그 결과 "연변지역 한국어의 파생접미사"라는 내용으로 석사학위논문을 발표하게 되었다.

이 책은 중국 길림성 용정 지역 한국어의 곡용과 활용에 대해 썼던 필자의 박사학위논문을 수정·보완한 것이다. 보다 구체적으로는 이 지역 한국어의 조사와 어미의 목록을 확인하고 그 용법 및 곡용, 활용 과정에서의 음운현상에 대해 밝혔다. 방언에 대한 연구는 일찍부터 활발히 이루어졌으나 연변 방언에 관한 연구는 연변대학의 전학석 교수님(필자의 학부 시절 은사님임)에 의해 활발히 연구되기 시작하였다고 할 수 있으며, 그 후로 연변 출신 학자들에 의해 지속적인 연구가 이루어지고 있다. 그럼에도 불구하고 연변 방언에 대한 연구는 아직도 미흡한 편이며 특히 곡용과 활용에 대한 체계적인 연구는 이 책이 시작이라고 할 수 있다.

이 책이 나오기까지 많은 분들의 도움을 받았는데, 필자의 방언 조사를 위해 몸소 시골에 찾아다니시며 제보자를 찾아 주신 시아버님께 특별히 감사 말씀을 드린다. 한국 유학생활 동안 아낌없는 가르침을 주신 인하대학교 최원식 교수님, 안명철 교수님께도 뒤늦게나마 감사의 말씀을 올리며, 필자의 졸고를 꼼꼼히 읽어 주시고 힘들고 어려울 때마다 용기와 격려로 조언을 아끼지 않으신 한성우 교수님과 학위논문의 심사를 맡아 주시고, 조언을 해 주신 서강대학교 곽충구 교수님, 대학원에 진학해서 지금까지 필자에게 사랑과 격려로 이끌어 주신 정승철 교수님, 이분들의 지도와 편달이 없었다면, 지금의 내가 없었을 것이라고 감히 말씀드리며, 머리 숙여 깊은 감사를 표하고자 한다.

또한 천진사범대학교와의 인연을 맺게 해 주시고 많은 관심과

도움을 주시는 김장선 학과장님과, 자식의 미래를 위해서 기꺼이 자신을 희생하셨던 부모님, 박사과정을 밟는 동안 엄마한테서 떨어져 머나먼 고향에서도 건강하고 밝게 자라 준 딸 이령이, 아내의 성공을 위해 처음부터 끝까지 불평 한마디 없이 따뜻하게 위로해 주고 묵묵히 지지해 준 남편(김광호)에게도 감사의 마음을 표하며 부족한 원고지만 기꺼이 출판해 주신 한국학술정보(주) 채종준 대표이사님과 논문 출판을 담당해 주신 관계자분들께 감사드린다.

정향란

목차

제1장 서　론

한국어연구는 한국어를 이루는 하위 방언에 대한 치밀한 연구가 이루어질 때 비로소 입체적 연구가 완성될 수 있다. 그동안의 방언 연구를 통해 각 하위 방언의 여러 특징이 밝혀진 동시에 한국어 전체의 모습도 더 분명히 드러나게 되었다. 현지조사가 필수인 방언 연구의 특성상 남한 지역부터 방언 연구가 시작되었고 한중 수교 이후에는 북한 지역과 인접한 중국에서 조선족 동포들에 대한 현지 조사를 하여 우회적으로 북한 지역어에 대한 연구가 이루어져 왔다.

龍井 지역은 중국에 속해 있지만 이 지역의 조선족들이 사용하고 있는 언어를 한국어의 일부로 보는 데는 무리가 없다. 1800년대 후반부터 산발적·집단적 이주가 시작되어 일찍부터 조선족 집단 거주지역이 형성되었다. 그리고 이 지역이 함경도에서 가깝고 함경도 지역에서 이주한 사람들이 다수를 차지하고 있어서 함경도 방언을 바탕으로 하여 이 지역어가 형성되어 오늘날까지 통용되어 오고 있다. 또한 집단 거주지역과 지역어가 성립된 이후에는 외적인 영향과 내적인 변화를 겪으면서 오늘에 이르고 있다. 이러한 역사적·지역적 특성을 감안하면 이 지역에서 사용되고 있는 언어도 한국어의 일부로 볼 수 있으며 이 지역의 언어에 대한 연구는 한국어의 실체를 밝히는 데 많은 도움을 줄 것으로 기대된다.

龍井 지역어에 대한 연구는 방언학적으로나 사회언어학적으로나 한국어 연구에 많은 기여를 할 수 있다. 또 이 지역어가 지리적으로 가까운 함경도 지역어, 특히 육진 지역어가 기층을 이루고 있다는 점에 대해서는 곽충구(1991, 2000c)에서 이미 지적한 바 있다. 따라서 이 지역어에 대한 연구는 육진 방언의 일면을 보여 줄 수 있을 것이다. 특히 조사 지역인 三合鎭은 육진 지역의 일부인 회령과 두만강을 사이에 두고 마주해 있으며 회령 출신 주민이 대부분이어서 회령 지역어의 특징을 많이 보여 주리라 기대된다.

물론 곽충구(2000b)에서 지적하다시피 중국의 육진 방언도 조선족의 언어규범으로부터 일정한 영향을 받았을 것이나, 개방 이전에는 거주 이전이 자유롭지 않았다는 점, 교육 수준이 그리 높지 않았다는 점, 이주 후 폐쇄된 농촌 지역에서 농업에 종사하면서 살아왔다는 점, 언론 매체가 주로 중국어를 사용하는 중국 영내이므로 문화어운동을 전개한 북한보다는 연변 표준어의 영향을 덜 받았을 것이라는 점 등을 고려할 때 중국의 육진 방언은 북한의 육진 방언에 비해 더 보수적일 것이라 생각하는 것이다.

그럼에도 서로 다른 정치, 사회, 문화 환경으로 말미암아 적지 않은 차이가 있으리라는 점을 감안해야 할 것이다. 또한 延邊朝鮮族自治州 내에서 龍井 지역어는 육진 방언에 기초를 두고 있지만 이주 후 오랜 시간 동안 육진을 제외한 기타 지역에서 이주해 온 사람들과 섞여 살면서 새로운 언어사회를 형성했다고 볼 수 있다. 전통적인 회령 지역어가 잔존해 있을 거라는 기대를 가지고 회령의 맞은편인 三合 지역을 조사 대상 지역으로 선정했지만 해방 이후에 함경남북도에 살던 주민들이 모여 살면서 함경도의 여러 지역어들이 서로 영향을 주고 변화해 왔고 그 자체 내부의 변화로 인해 전통적인 육진 방언과는 다소 이질적인 특성들이 있음을 발견할 수 있었다. 따라서 이 지역어는 육진 방언을 기반으로 형성된 한국어의 지역적 변종이라 할 수 있다. 그리고 이 지역어가 형성된 이후에는 북한 및 중국 내 조선족의 언어 규범에 영향을 받았고, 한중 수교 이후에는 남한의 언어에 많은 영향을 받았다. 따라서 이러한 영향하에 나타난 이 지역어의 세대에 따른 언어 변화 양상에 대한 연구도 의미를 찾을 수 있을 것이다.

이러한 목적을 달성하기 위해 본서에서는 이 지역어의 조사와 어미들에 대한 형태론적·음운론적 양상에 대해 밝힌다. 구체적으로는 이 지역어의 조사와 어미의 목록과 체계를 밝히고 이들의 통합과정에서 나타나는 음운현상을 기술하고자 한다.[1] 이 지역어의 조사와 어미 중에는 다른 방언에서는 볼 수 없는 독특한 형태들이 많이 있다. 또한 조사와 어미가 어간과 연결될 때 나타나는 음운현상도 다른 지역과 차이가 나는 것이 많다. 그러나 이 지역어 또한 한국어의 일부이기 때문에 전반적으로는 한국어 전체와 많은 일치를 보인다. 이러한 연구를 통해 우회적으로나마 인접한 북한의 함경도와 평안도의 다양한 지역적 변종들을 보다 정밀하게 관찰하고 한국어의 실체를 좀 더 구체적으로 드러내 보이는 데 기여할 것이다. 뿐만 아니라 앞으로 전개될 지리방언학이나 사회언어학, 나아가 한국어의 역사적 연구에 한 초석이 될 수 있을 것으로 보인다.

---

1) 본고는 조사와 어미의 목록과 기능을 설명하는 것을 주목적으로 하기 때문에 역사적·음운론적 설명은 최소한도로 하고 보다 자세한 논의는 후고를 기약한다.

이 지역어에 대한 연구서들은 문헌자료와 방언자료를 수집하고 체계화하면서 음운, 문법적 특징을 소개하는 데 머문 연구가 적지 않다. 특히 음운 연구는 비교적 폭넓게 연구된 편이나 형태, 통사, 어휘에 대한 연구는 인상적인 기술에 머물고 있다. 이 지역어에 대한 연구가 음운론 연구에 집중되고 형태론에 대한 연구는 많지 않은데 그중에서도 곡용과 활용의 어미 전반에 대해 다룬 연구는 손으로 꼽을 수 있을 만큼 적은 숫자이다. 황대화(1999), 채옥자(2002), 최명옥 외(2002)에서 일부가 소개되었고 김서형(2003)에서 육진 방언의 종결어미가 소개되었으며 곽충구(2000b)에서 곡용과 활용에서의 문법 형태 및 통사적 특징을 간략하게 소개하고 있을 뿐이다.

방언을 대상으로 하는 연구에는 최명옥(1990)에서 지적하다시피 '방언학적 연구'와 '일반 언어학적 연구' 두 가지 방법이 있는데 이 연구에서는 일반 언어학적 연구방법을 따른다. 이에 따라 이 지역어를 하나의 독립된 언어로 보고 우선적으로 이 지역어의 곡용과 활용에 참여하는 조사와 어미들의 목록과 그 용법 전반에 대해 체계적으로 살펴본다. 즉 곡용에 참여하는 조사와 보조사, 활용에 참여하는 연결어미, 종결어미, 선어말어미, 전성어미 등 목록을 확인하고 이들의 기저형을 밝혀 조사와 어미의 체계를 수립할 것이다. 이를 바탕으로 이들의 다양한 통합관계, 제약 조건, 문법적 역할 등을 규명하게 될 것이다.

연변조선족자치주에 거주하고 있는 조선족 주민은 그 대부분이 함경도 출신 또는 그 후세들이다(전학석 · 김상원, 1995). 이는 이 지역 한국어가 동북 방언권에 속하는 함경도 방언에 바탕을 두고 있음을 시사한다. 함경북도는 지리적으로 정치·경제·문화의 중심지인 중앙 지역과 많이 떨어져 있기 때문에 언어적인 면에서 보수적인 잔재가 많이 남아 있다. 더욱이 대체로 19세기 후반기부터 중국의 동북3성 지역으로 고국의 원거주지를 기반으로 한 동향인들이 집단을 이루어 이주함으로써 원거주지의 방언적 성격을 많이 가지고 있다고 할 수 있다. 그러나 현재는 여러 가지 사회적 원인으로 말미암아 그 자체 내에서 어느 정도 변화도 겪었고 북한의 함경도 방언과도 적지 않은 부분에서 다름을 보이고 있어 주목된다.

연변조선족자치주 중에서 훈춘 지역과 같이 육진 방언의 흔적이 가장 많이 남아 있는 경우는 많지 않다. 함경북도 방언 중에서도 육진 방언은 함경도 내 방언들과 현저한 차이를 보이고 있어 주목할 만하다. 이 연구에서 조사대상으로 삼은 지역은 두만강을 사이에 두고 육진 지역(또는 육읍)의 하나인 회령군과 마주하고 있는 中國 吉林省 龍井市 三合鎭 勝績1屯이다. 이 지역에는 육진 중의 하나인 회령군으로부터 이주해 온 사람들과 그 후손들이 거주하고 있다. 줄곧 조선족들이 집단적으로 모여 살고 있다는 점에서 이 지역의 한국어가 회령군의 언어를 비교적 잘 보존할 것으로 판단되어 이 지역을 조사·연구 지역으로 선정하였다. 이 지역에서 쓰이는 조선족들의 언어는 현재의 한국 방언구획에서 제외되어 있는 바, 그런 까닭에 이 연구에서는 이를 '연변방언'이 아니라 '이 지역어'라 부르기로 한다. 이를테면 방언구획이 확립되지 않은 상태에서 어느 한 지역의 언어를 가리킬 때 '지역어'라는 용어를 사용하는 태도(방언연구회, 2001:22)를 따르는 셈이다.

이 연구에 이용된 자료는 필자가 2007년 7월 10일부터 28일까지

龍井시 삼합진 삼합촌 승적1둔에서 조사 수집한 것과 곽충구 (1994), 채옥자(2002), 최명옥 외(2002)에서 이용된 자료이다. 현지 조사과정과 제보자들에 대한 구체적인 정보는 다음과 같다.[2]

1차 조사

조사지역: 中國 吉林省 龍井市 三合鎭 勝績1屯

조사일시: 2007년 7월 10일～2007년 7월 16일

주 제보자: 류정숙, 여, 1932년생, 함경북도 회령군 출생, 16세 때 아버지를 따라 이 지역으로 이주, 남편은 일찍 세 상을 떠났고 남편의 고향은 모름.

2차 조사

조사지역: 中國 吉林省 龍井市 三合鎭 勝績1屯, 삼합촌 삼합4 소조, 龍井시

조사일시: 2007년 7월 17일～2007년 7월 28일

보조제보자 1: 정국형, 남, 1929년생, 부모 함경북도 회령군 출 생, 부모 세대에 이주

보조제보자 2: 김영천, 남, 1919년생, 부모 함경북도 회령군 출 생, 부모 세대에 이주

보조제보자 3: 김순애, 여, 1938년생, 함경북도 회령군 출생, 1967년에 남편 따라 이주

주 제보자는 류정숙 할머니이고 기타 정국형·김영천 할아버지

---

2) 중국의 행정구역은 省, 市, 鎭, 村, 屯 등으로 나누어진다.

와 김순애 할머니는 보조제보자로 삼았다. 주 제보자 류정숙 할머니는 함경북도 회령군에서 출생하여 16세 때 삼합촌으로 이주해 온 분으로 줄곧 이 지역에서 생활한 분이다. 남편은 일찍 세상을 떠났고 남편의 고향은 모르고 있었다. 할머니 혼자서 아들 둘과 딸 하나를 키웠다고 한다. 이를 통해 볼 때 할머니가 구사하는 방언은 할머니 남편의 영향을 거의 받지 않았을 것으로 사료된다.

그리고 보조제보자는 모두 세 사람을 만났는데 정국형 할아버지는 龍井시 삼합진에서 초등학교를 졸업한 분으로 학교 문법의 영향을 받아 가끔 표준어로 발화하려고 하는 것을 관찰할 수 있었다. 또 다른 제보자 김영천 할아버지는 정국형 할아버지와 먼 친척이 되는 분인데 귀가 어두워서 면접보다는 자연스러운 구술발화를 듣고 그 이야기에서 중요한 자료를 전사하는 방법으로 조사하였다. 그리고 또 한 분의 보조제보자 김순애 할머니는 31살 때 남편을 따라 함경북도 회령군으로부터 중국 龍井시로 이주해 온 분이다. 비교적 완벽한 함경북도 회령군의 방언을 구사할 것으로 예상되었지만 틀니를 착용하고 있어서 발음이 정확하지는 않았다. 이 외 필자의 가족도 보조제보자에 포함되는데 구체적으로는 김만송(70세, 필자의 시아버지, 조부모 부령 출신), 허송심(59세, 필자의 어머니, 조부모 온성 출신) 두 사람으로 확인하는 보조제보자로 삼았다.

이 지역어는 또한 노년층과 젊은 층의 언어 양상 변이가 심한 편이다. 따라서 3차 조사에서는 젊은 층을 대상으로 조사를 실시하였다. 구체적인 조사 일시와 제보자의 신상은 다음과 같다.

조사지역: 中國 吉林省 龍井市 朝陽川鎭

조사일시: 2008년 1월 25일~2008년 1월 31일

보조제보자 1: 허송심, 여, 1951년생, 조부모 함경북도 온성군 출생

보조제보자 2: 정일홍, 남, 1949년생, 조부모 함경북도 길주군 출생

보조제보자 3: 김영자, 여, 1965년생, 조부모 함경북도 부령군 출생

제보자들의 출신지와 조사지점은 <그림 1>과 같다.

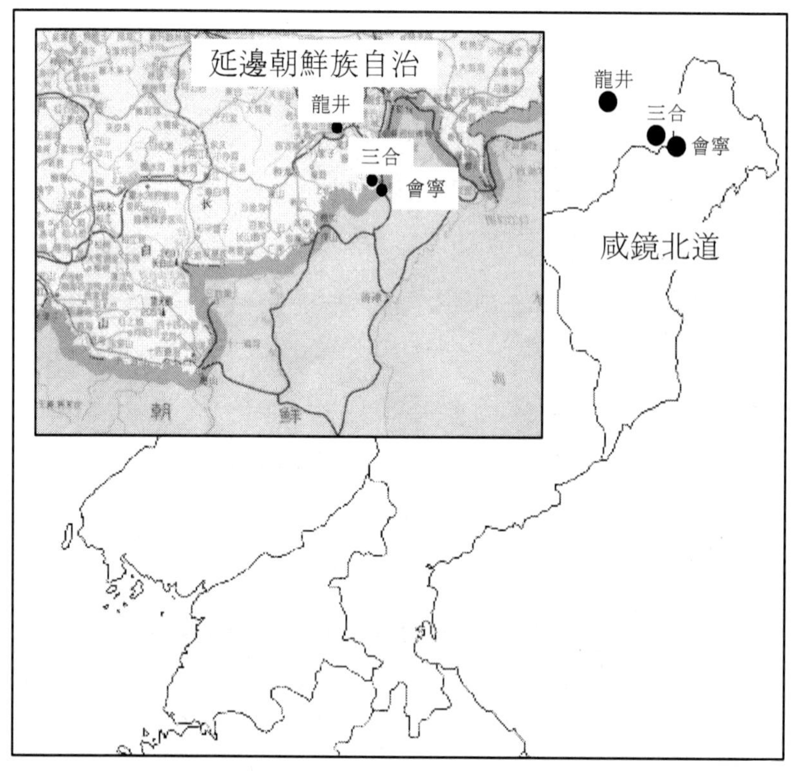

〈그림 1〉 조사 지점

본서에서는 조사와 어미의 형태론적 조건에 따른 음운현상을 면밀히 검토하고 곡용과 활용 등 형태소 경계에서 나타나는 음운현상을 다룬다. 음운현상은 교체, 첨가, 탈락, 축약으로 분류된다. 교체는 특정 음운의 자질이 바뀌는 것을 의미하고, 첨가는 없었던 음운이 새로 추가되는 것을 의미하고, 탈락은 음운이 사라지는 것을 의미하고 축약은 둘 이상의 음운이 합쳐져 하나의 음운으로 되는 것을 의미한다.[3]

방언 연구는 궁극적으로 그 방언이 지니고 있는 체계와 구조의 일반 원리를 밝히는 것을 목적으로 하므로 전체적으로 이 글에서는 한국어로서의 공통성과 이 지역어와 관련을 맺는 여러 방언들을 고려하여 논의를 진행하게 될 것이다. 본서는 모두 5장으로 구성되며 제1장 서론과 제5장 결론을 제외한 각 장의 구체적인 내용은 다음과 같다. 2장에서는 이 지역어의 조사 형태론에 대해 다룬다. 현지조사 과정에서 수집된 자료와 선행연구에 이용된 자료를 바탕으로 이 지역어의 곡용에 참여하는 격조사, 보조사의 목록을 확인하고 그 용법을 살펴본다. 3장에서는 이 지역어의 어미의 형태론을 다룬다. 2장에서와 마찬가지로 수집된 자료와 선행연구에 이용된 자료를 바탕으로 활용에 참여하는 종결어미, 연결어미, 선어말어미, 전성어미의 목록을 각각 확인하고 그 용법을 자세히 살펴본다. 4장에서는 곡용과 활용에서의 음운현상에 대해 살펴본다. 음운현상은 교체, 첨가, 탈락, 축약으로 나누어 살피되 필요한 경우에는 함경북도 기타 지역의 방언이나 중부방언과 비교하여 살펴본다.

---

3) 김성규 · 정승철(2005:149) 참고.

끝으로 여기서 방언형이나 용례를 적는 표기방식에 대해 언급하고자 한다. 본고에서는 방언형이나 용례를 전사할 경우, 모두 형태음소적 표기법을 사용하고 한글로 표기하는 것을 원칙으로 한다. 또한 음소적 표기법이 필요한 경우에는 형태음소적 표기법과 음소적 표기법을 절충하여 '형태음소표기[음소표기]' 방식으로 표기할 것이다. 평폐쇄음화, 경음화 등 필수적인 음운규칙은 형태음소표기로 할 것이나 발음상에 오해가 있을 경우에는 별도로 '[ ]'에 표기한다. 또한 각 용례에서 조사나 어미를 보여 줄 경우에는 그 조사나 어미 밑에 밑줄을 긋는 방법을 사용하고 성조변화를 표시할 경우에도 성조변화가 발생한 부분에 밑줄을 긋고 괄호 속에 성조를 표기할 것이다. 구체적으로 성조소의 표기는 저조는 'L', 고조는 'H', 상승조는 'LH', 하강조는 'HL'로 표기한다. 비모음화는 '~'로 표기한다. 표기의 예를 들면 다음과 같다.

우리는 밭의[바티] 미내 없소. (우리는 밭이 전혀 없소.)
살기(HL) 마이 열겠더라. (살구가 많이 열렸더라.)
코의~ 많다. (콩이 많다.)

제2장 조 사

조사는 단어 또는 어절(자립성이 있는 말)에 붙어 그 말과 다른 말과의 관계를 표시하거나 어떤 뜻을 더해 주는 것이라고 정의된다. 보조사는 다른 말과의 관계를 표시해 주는 품사를 조사라고 하고 다른 뜻을 더해 주는 품사이다.[4] 2장에서는 이 지역어의 조사를 격조사와 보조사로 나누어 자세히 살피기로 한다. 대체적으로 격조사 목록에서는 우선 주격 조사 '가'가 쓰이지 않고 있는 점이 눈에 뜨이며 대격 조사가 '-으/르'의 독특한 형태를 보이고 있으며 대격 조사가 처격, 여격, 구격 등 기능을 가지고 있는 점이 독특하다. 보조사 목록에서는 중세국어의 잔존형이라 볼 수 있는 '-아부라', '-이사/사' 등이 확인되었다.

2.1. 격조사

격조사는 체언으로 하여금 일정한 자격을 갖도록 하는데 원칙적으로 체언이나 체언에 상당하는 구성에 붙어 문장 내의 다른 요소와의 문법적이거나 의미적인 관계를 나타낸다.[5] 한국어에서의 격이

---

4) 임홍빈 외(2003:143) 참조.

격조사에 의해 부여되는가, 아니면 문장의 다른 요소에 의해 부여되는가, 한국어에 격이 몇 개 존재하고, 그것들이 각각의 조사와 어떤 관련을 맺고 있는가에 대해서는 학자마다 견해가 다르다. 여기서는 다만 이 지역어의 조사에 대해 알아보고 그들이 어떠한 의미 기능을 가지고 있으며 또 어떤 분포를 보이고 있는가에 대해서만 기술할 것이다. 따라서 이 장에서 기술되는 조사의 분류는 단지 논의의 편의를 위한 분류일 뿐이다.[6]

본서에서도 격조사는 전통적인 입장을 취하여 주격 조사, 속격 조사, 대격 조사, 보격 조사, 부사격 조사, 호격 조사로 나누어 논의하고자 한다(임홍빈 외, 2003:145). 이 지역어에서 쓰이는 격조사에 대한 연구는 아주 드물다. 곽충구(2000b), 최명옥 외(2002), 채옥자(2002)에서 대략적으로 소개된 것뿐이다. 곽충구(2000b)와 채옥자(2002)는 그 연구대상이 각각 육진 방언과 연변 지역 한국어인데 격조사의 목록, 형태에서도 약간의 차이를 보인다.

2.1.1. 주격 조사

어떤 체언이 그 문장의 주어임을 나타내 주는 조사를 주격 조사라고 한다(임홍빈 외, 2003:146). 이 지역어에서 확인된 주격 조사는 '-이' 하나뿐이다.

---

5) 조사와 격조사의 정의에 대해서는 남기심·고영근(1993), 임홍빈 외(2003)를 참조.
6) 구체적인 조사 목록의 작성은 곽충구(2000b), 최명옥 외(2002)와 채옥자(2002)를 참조.

1) '-이'

    (1) ㄱ. 이 책<u>이</u> 제 게지? (이 책이 당신 거지?).
        남ㄱ이[낭기] 너무 땅판해서[땅따내서] 몯<u>이</u>[모디][7] 잘
        아이 들어감다. (나무가 너무 딱딱해서 못이 잘 안 들어갑
        니다.)
        쌀으느 그래두 연변 쌀<u>이</u> 체고꾸마. (쌀은 그래도 연변 쌀
        이 최고입니다.)
        우리 아들으느 맴<u>이</u> 지내 곱아서 탈이지. (우리 아들은 마
        음이 너무 고와서 탈이지.)
        우리 가스집<u>이</u> 조양천에 있스꾸마. (우리 처갓집이 조양천
        에 있습니다.)
        함에다 열 옷<u>이</u> 맞갖재이쿠나.[8] (함에 넣을 옷이 마땅치
        않네.)
        우리느 밭<u>이</u>[바티] 미내 없소. (우리는 밭이 전혀 없소.)
        요새느 무릎<u>이</u>[무르피] 아파서 겱어댕기지두 내오.[9] (요
        새는 무릎이 아파서 걸어 다니지도 않소.)
        동삼이 데이 낯<u>이</u> 많이[마이] 튼다. (겨울이 되니 얼굴이
        까칠해진다.)
     ㄴ. <u>내</u> 가겠슴다. (내가 가겠습니다.)
        <u>누기</u> 가니? (누가 가니?)

    예문 (1ㄱ)은 모두 주격 조사 '-이' 앞에 연결되는 어간 말음의
'가나다' 순서에 따라 나열한 것이다. '-이'는 어간 말음의 종류에
상관없이 자음으로 끝나는 어간에 연결된다. '몯이'는 '몯+-이'가
연결된 것인데 중부방언에서는 '못'으로 재구조화되었으나 이 지역

---

7) 이 경우 이 지역어에서는 ㄷ의 구개음화가 나타나지 않는다.

8) 중부방언의 '마땅치 않-'은 이 지역어에서 '맞갖-'으로 나타난다. '맞갖은[맏까즌] 우티 없
   어서', '맞갖으이[맏까즈이]' 참조.

9) '겱어댕기두 내오'의 '두 내오'는 '먹두 내오', '자두 내오' 등에서도 확인되는바 '-지 않소'
   의 문법적 의미를 나타낸다.

어에서는 '몬을르(못으로)', '몬으(못을)'에서 보다시피 중세어의 '몬'이 그대로 남아 있다. '맴이'는 '맘+ - 이'가 연결된 것인데 형태소 경계에서 움라우트가 이루어진 것이다. '옷'은 표준어의 영향을 받아 사용하게 된 것으로 보인다. 기존의 '우티'도 쓰지만 '옷'도 활발하게 쓰인다.[10) '밭이[바티]'는 '밭+ - 이'가 연결된 것인데 어간말 'ㅌ'이 모음 '이'에 의해 구개음화가 일어나야 되는 환경임에도 불구하고 구개음화[11)가 일어나지 않는다.

예문 (1ㄴ)은 '나', '누구', '너'와 같은 대명사에 주격 조사 ' - 이'가 연결된 것이다. '내'는 '나+ - 이 → 내'가 된 것이고 '누기'는 '누구+ - 이 → 누귀 → 누기'로 움라우트, 모음축약을 겪은 것이다.

곽충구(1998)에서 밝혔듯이 육진 방언이나 연변 조선어에서는 체언어 간 말음에 상관없이 언제나 ' - 이'만 쓰이는데 이는 중세어적 문법 특징을 그대로 보존하고 있음을 보여 준다(이기갑 외, 2000). 또한 이는 주로 노인 토박이들의 말에서 찾아볼 수 있는 전통적 어형으로서 과거에 ' - 가'가 나타나기 이전의 언어 상황이 현재까지 남아 있는 흔적이라고 할 수 있다(이기갑, 2003). 이 밖에 최명옥(1980), 김병제(1988), 정용호(1988)에서 밝힌 자음 뒤에서 ' - 이' 대신 ' - 이가'가 쓰이는 현상은 이 지역에서는 그 예가 확인되지 않았다.

      (1) ㄷ. 흑파의 지내 낡아서 글두 잘 아이 써진다. (칠판이 너무
           낡아서 글자도 잘 써지지 않는다.)

---

10) 이런 점이 육진 방언과는 다른 龍井 지역어로 설정해야 하는 이유이다.
11) 구개음화 규칙의 발생과 확산에 대해 곽충구(2001)에서 자세히 논의된바 있다. 또한 구개음화 규칙에 관해서는 제4장 부분에서 다시 기술할 것이다.

　　ㄹ. 올해느 작년마 코<u>이</u>~ 잘 뎃다. (올해는 작년보다 콩이 더
　　　　잘되었다.)
　　　　이 집 자<u>이</u>~ 맛있다. (이 집의 장이 맛있다.)
　　　　간자<u>이</u>~ 오래 데무 으쓸한 냄새 난다. (간장이 오래되면
　　　　징그러운 냄새가 난다.)
　　　　또<u>이</u>~ 마랍아서 아이 데갰다. (대변이 마려워서 안 되겠다.)

　　예문 (1ㄷ)은 주격 조사 '－이'가 'ㄴ' 말음 체언에 연결된 것이
다. 이 지역어의 경우 주격 조사 '－이'나 서술격 조사 앞에서 어
간말 'ㄴ'은 탈락된다. '옛날에느 다 남ㄱ이[낭기] 흑파의댔습다'에
서도 보듯 서술격 조사 앞에서도 체언 어간말 'ㄴ'은 탈락된다.[12]
이 외에도 '도이 없다(돈이 없다)'에서의 '도이', '누이 마이 왔다
(눈이 많이 왔다)'에서의 '누이' 등도 모두 같은 원리에 의해 어간
말 'ㄴ'이 모음과 '이' 모음 사이에서 탈락한다.

　　예문 (1ㄹ)은 주격 조사 '－이'가 비음 'ㅇ'으로 끝나는 어간에
연결된 경우이다. 이러한 현상에 대해 한진건(2003)에서는 "끝음절
이 'ㅇ' 비음으로 끝나는 단어는 그 비음을 길게 발음하는 것으로
써 주격 토를 대신하여 쓰는 것이 특징적이다"라고 하면서 이를
'ㅇ'의 장비음화현상이라 이름 짓고 육진 방언에서 이러한 현상이
많이 나타나지는 않지만 일부 나타난다고 하였다. 이에 대해 곽충
구(2000a:345)에서도 지적했듯이 이는 모음 사이에 'ㅇ'이 있거나
또는 말음이 'ㅇ'일 때에만 'ㅇ'이 선행모음을 비모음화시키는 것
으로 이 지역어의 한 특징으로 볼 수 있다. 또한 이러한 특징은 함
북방언의 경우 필수적으로 일어나지만 육진 방언의 경우에는 어간

---

12) 형태소 분석을 위한 음운론적 논의는 가급적 자세히 할 것이나 관련 음운현상 전반에 대해서
　　는 제4장 부분에서 별도로 자세한 논의가 이루어질 것이다.

말음이 'ㄴ'인 몇몇 어사에서만 제한적으로 나타난다는 것이다. 이처럼 필수적으로 일어나는 비모음화현상 역시 龍井 지역어가 육진 방언과 적지 않은 차이점이 있다는 것을 시사한다.

   (1) ㅁ. 가슬하는거마 벳모의 더 맥이 든다. (가을걷이보다 모내기
      가 더 힘이 든다.)
      집에 디비 모의 마이 작다. (이 집의 두부모가 많이 작다.)
    ㅂ. 킨(HL) 작다. (키가 작다.)
      소보칟(HL) 지내 낡았스꾸마. (키가 너무 낡았습니다.)
    ㅅ. 줄루재13) 너무 크(HL)꾸마. (깔때기가 너무 큽니다.)
      벵원에 밤에느 직발 서는 이사 있소. (병원에 밤에는 당직
      서는 의사가 있소.)

 예문 (1ㅁ)~(1ㅅ)은 조사 '–이'가 모음으로 끝나는 체언에 연결된 경우이다. 선행어가 전설모음으로 끝난 경우 주격 조사 '–이'는 표면에 드러나지 않는다(최명옥 외, 2002:89). (1ㅂ)에서처럼 어간말 모음이 '이'로 끝나는 경우에는 모음충돌을 회피하기 위한 수단으로 어간말 모음이 어미초 모음에 완전순행동화되면서 '키(H)'에서 '키(HL)'로의 성조변화를 수반하게 된다. 이처럼 곡용에서 나타나는 모음동화현상에 대해 임석규(2006)에서는 곡용과 활용에서 나타나는 모음동화현상은 어미초 모음의 탈락으로 기술하든 모음동화로 기술하든 기술상에는 어려움이 없지만 음장방언에서는 둘째 음절 이하에서 장음이 실현되지 않기 때문에 성조방언의 경우에는 이 두 가지를 모두 반드시 모음동화의 과정으로 설명해야 한다고 하였다. 앞으로 본고도 이 논의를 따라 완전순행동화(모음동

---

13) '줄루재'는 러시아어 차용어이다.

화)로 기술할 것이다.

2) '-께서'

이 지역어에서 쓰이고 있는 주격 조사에는 위에서 살펴본 '-이' 외에 존대의 '-께서'도 있다. '께서'는 언어규범의 영향을 받은 화자들이 문어에서만 쓰는 것이다. 또한 언어규범의 영향을 받은 화자들도 구어에서는 거의 쓰지 않는다.

> (2) ?선새<u>께서</u> 내일 학비르 꼭 개오람다. (선생님께서 내일 등록금을 꼭 가져오라십니다.)
> ?촌자이<u>께서</u> 어떻게 울 즙꺼지 왔슴두? (촌장께서 어떻게 우리 집까지 오셨습니까?)

위의 예문 (2)는 문법적으로 아무 문제가 없지만 이 지역에서 거의 쓰이지 않는다. 이러한 특징은 중부방언을 제외한 대부분의 방언에서도 확인되는바 윗사람에게도 平稱[14]의 조사를 사용하는 경향이 있다는 사실을 말해 주고 있다(최명옥, 1980:36~38).

이상에서 살펴본 이 지역어의 주격 조사로는 '-이'가 쓰이며 다른 방언에 나타나는 '-가'는 쓰이지 않는다. 다만 체언 어간의 말음이 'ㅇ'이나 'ㄴ'인 경우 경우에는 비모음화현상이 일어나며 성조변화가 일어난다는 점에서 독특한 모습을 보여 준다.

---

14) 여기서의 평칭은 존칭과 대립되는 개념으로 쓰인다.

2.1.2. 대격 조사

체언으로 하여금 목적어가 되게 하는 조사를 대격 조사(임홍빈 외, 2003:148)라고 한다. 이 조사는 그 밖에도 시간이나 거리의 명사 또는 목적어가 아닌 성분이나 동족목적어 등 일부 자동사 구문에도 나타날 수 있다.[15) 이 지역어 대격 조사의 기능은 다른 방언과 큰 차이가 없으나 형태상의 차이가 확인된다. 최명옥 외(2002)에서는 이 지역어 대격 조사의 대표 형태 '-으'에 이형태 '-으, -우, -르'를 가지고 있다고 하였다. 구체적으로 이 지역어에는 대격 조사로 '-으/-르/-ㄹ'이 확인된다.

1) '-으/르/ㄹ'

(3) ㄱ. 돈으 아이 주무 아이 가개. (돈을 안 주면 안 갈 거야.)
　　　물으 매이구 정신 차리우. (물을 마시고 정신을 차리오.)
　　　책으 좀 바라, 넬이 당장 시험 친다메. (책을 좀 봐라, 내일 당장 시험 본다면서.)
　　　개새끼 닭으 똘군다. (개가 닭을 쫓는다.)
　　　머리 금으 내주쇼. (가르마를 타 주세요.)
　　ㄴ. 밥우 먹구 가우. (밥을 먹고 가오.)
　　　문우 닫구 나가우. (문을 닫고 나가오.)
　　　코오 가제 가지 맙소. (콩을 가져가지 마시오.)
　　ㄷ. 장마다(HL) 아이 가겠소? (시장을 안 가겠소?)
　　　밥사(HL) 페우. (밥상을 펴오.)
　　ㄹ. 제 아르 제 재래와사 데지. (자신의 애를 자기가 키워야 되지.)
　　　니 머리르 아이 깜은지 메칠 데재이야? (너 머리를 감지

않은 지 며칠 되잖아?)
　　그 집 시어마이느 메누리르 못살게 구꾸마. (그 집 시어
　　머니는 며느리를 괴롭힙니다.)
　　잔더리르 뻿게주쇼. (등을 밀어 주세요.)
　　가느 원래 학고르 지각해두 밥으(밥우) 먹구 가는 아요.
　　(걔는 원래 학교에 늦어도 밥을 먹고 가는 아이예요.)
　　배 농사르 저서 입살이르 하우. (배 농사를 지어서 입에
　　풀칠을 하오.)

　예문 (3ㄱ)에서 보듯 어간 말음이 자음인 체언에 연결된 대격 조
사는 ‘－으’이다. 이 경우의 ‘－으’는 단순히 ‘－으’에 의해 연결된
체언을 목적어로 만들어 주는 기능을 한다. (3ㄴ)에서 ‘밥우(밥을)’,
‘문우(문을)’의 경우에서처럼 ‘－으’가 ‘－우’로 바뀌었는데 이는
원순모음화 현상으로 설명할 수 있다.[16] ‘ㅇ’인 명사 다음에서 ‘－으’
가 선행 명사의 모음에 동화되기도 하는 것은 이 지역어의 음운현
상의 또 하나의 특징이다. 모음으로 끝나는 어간에 ‘－르’가 연결
되는 것이 일반적이지만 (3ㄴ)의 ‘코오’는 ‘코’에 ‘－으’가 연결된
것이고, (3ㄷ)의 ‘장마다’는 ‘장마당’에 ‘－으’가 연결되었다. ‘장마
다’에서는 ‘－으’가 ‘아’로 바뀌었는데 이는 선행어의 어간말 종성
이 ‘ㅇ’일 경우 그에 연결되는 ‘－으’가 선행어의 어간말 모음에
완전순행동화되는 것으로 말자음 ‘ㅇ’은 탈락하고 앞뒤 모음은 비
모음화된 것이다.[17]

　예문 (3ㄹ)에서처럼 체언 어간이 개음절로 끝날 경우 대격 조사 ‘－
르’가 연결된다. 하지만 이 ‘－르’가 ‘－ㄹ’로 실현되는 경우도 있다.

---

16) 4.1.5절 참조.

17) 최명옥 외(2002:90～92) 참조.

(3) ㅁ. 가락질 께라. (반지를 껴라.)
     다릴 꼬부리지 말구 쫙 페라. (다리를 굽히지 말고 쫙 펴라.)
     우율 마세라. (우유를 마셔라.)

대격 조사로 쓰인 '-ㄹ'와 '-르'의 실현은 발화속도에 관련이 있다. 다시 말하면 발화속도가 늦으면 '-르'로 실현되고 빠르면 '-ㄹ'로 실현되는 것이다.[18]

이 지역어에서 확인된 대격 조사에는 '-으/르/ㄹ'가 있었다. 이 외에도 생략된 형태로 대격을 나타내는 경우가 있다. 대격 조사는 주격 조사와 함께 형식성이 강한 격조사의 범주에 드는 관계로 구어에서는 쉽게 생략된다(이기갑, 2003:43).

(3) ㅂ. 엄마르 기달구지 말구 우리 둘이 밥 만저 먹으까? (엄마
     를 기다리지 말고 우리 둘이서 밥을 먼저 먹을까?)
     오늘으느 내 채소 싸가지구 가마. (오늘은 내가 야채를
     사 가지고 가마.)
     양말 신어라. (양말을 신어라.)

곽충구(1991), 이기갑(2003)에서 밝혔듯이 이 지역어에서 대격 조사 '-으/르'는 처격 조사로 확대되어 쓰이기도 한다. 또한 이기갑(2003)에서는 대격 조사가 여격 조사로 기능하는 동남방언의 경우

---

18) 배주채(1998:57)에 의하면 조사는 기저형이 단일한 단형조사와 기저형이 음운론적 환경에 둘 이상인 다형조사로 나눈다. 다형조사의 각 형태의 선택조건은 대부분 '자음 뒤/모음 뒤'이다. 기저형 중 하나가 '으X'형인 조사들에 대해서는 기저형을 보통 두 가지로 설정하는 방안도 있을 수 있는데 두 가지 문제점이 있다는 것이다. 하나는 '을, 은'에 적용되는 '으' 탈락규칙과 '으로'에 적용되는 '으' 탈락규칙의 환경이 다르다는 것이고 다른 하나는 이형태 'ㄹ'과 'ㄴ'이 '을, 은'의 '으'가 모음 뒤에서 탈락하여 도출되는 것이라고 하면 이형태 'ㄹ'과 'ㄴ'의 쓰임도 일반적이어야 한다는 것이다. 이처럼 쓰이는 환경이 제한적인 경우는 자유변이형으로 봐야 옳다고 지적하고 있다. 이 연구에서는 이를 따라 이형태들이 쓰이는 환경이 제한적인 경우에는 다형조사로 보고 논의한다.

와 달리 이 지역어에서는 여격이 아닌 처격 조사로 확대되어 쓰이는 것이 특징이라고 하였는데 실제 조사 지역에서는 아래의 예문 (4)에서처럼 대격 조사 '-으/르'가 여격 조사로 기능하기도 하였다.

> (4) 바같에 날씨 칩은데 날래 집으 들어가기오. (밖에 날씨가 추운
>   데 어서 집에 들어갑시다.)
>   판공실으 가서 말하기오. (사무실에 가서 말합시다.)
>   이 칩은데 어디르 가우? (이렇게 추운데 어디에 가오?)

위의 예문 (4)는 대격 조사가 처소격 조사로 확대되어 쓰인 것이다. 어간 말음이 자음으로 끝난 경우에는 '-으'가 연결되고 모음으로 끝난 경우에는 '-르'가 연결되었다. 여기서 '-으/르'는 행동의 지향점을 나타낸다.

대격 조사 '-으/르'는 아래의 예문 (5)에서처럼 여격 조사의 기능을 보이기도 한다.

> (5) 그거 나르 주겠답데? (그걸 저에게 주겠다고 하던가요?)
>   그거 아이 먹겠으무 나르 달라. (그걸 안 먹을 거면 나에게 주오.)
>   도이 많으무 이 스느비르 주우. (돈이 많으면 이 시누이에게
>   주오.)
>   딸으 못조두 아들으 조사 맞지. (딸에게 못 주어도 아들에게
>   주어야 맞지.)
> (6) 아르 꽂으[19] 좄다. (애에게 꽃을 줬다.)

위의 예문 (5)는 대격 조사 '-으/르'가 여격 조사로 확대되어 쓰일 수 있음을 보여 주는 예들이다. 대격 조사 '-으/르'가 여격 조

---

19) '꽂이', '꽂으', '꽂을르' 등에서 확인되다시피 기원적으로 '꽂C이었던 것이 '꽂'으로 나타난다.

사로 쓰이려면 '주다'와 같은 동사류와 어울려 쓰일 경우에만 가능하다. 예문 (6)은 대격 중출문인데 함경도방언의 통사론적 특징을 잘 보여 준다.

대격 조사 '-으르'는 '-으르/ㄹ르'의 형태로 방향을 나타낼 경우에도 연결된다.

    (7) ㄱ. 날래 집<u>으르</u> 가기오. (어서 집으로 가기오.)
            문지느 바같<u>으르</u> 나가서 텁소. (먼지는 바깥으로 나가서
            터시오.)
       ㄴ. 울르 앉아라. (위로 앉아라.)
         아랠<u>르</u> 앉아라. (아래로 앉아라.)

예문 (7)에 연결된 대격 조사 '-으르/ㄹ르'는 행동의 방향을 나타낸다. 자음으로 끝나는 체언에는 '-으르'가 연결되고 모음으로 끝나는 체언에는 '-ㄹ르'가 연결된다. 앞에서 이미 지적했듯이 이 지역어의 대격 조사 '-으르/ㄹ르'는 대격, 처소격, 여격 등 여러 기능을 모두 가지고 있는 것이 확인된다.

2.1.3. 속격 조사

명사와 명사 사이에 연결되어 두 명사를 더 큰 명사구로 묶어 주는 역할을 하는 조사를 속격 조사라고 한다(임홍빈 외, 2003:150). 뒷부분을 수식하는 관형어의 기능을 한다고 하여 속격 조사라고 하지만 조사에 의해 연결된 두 명사에서 뒤의 명사가 그 앞 명사의 소유물임을 나타내는 기능을 한다는 관점에서 흔히 소유격 조사 혹은 속격 조사라고 부르기도 한다. 이러한 전통적인 견해와는 달

리 허웅(1995:1344~1346)에서는 서술어와 체언 사이의 직접적 관계를 맺어 주지 못하기 때문에 서술어와 논항 사이의 문법적 관계라는 격의 정의를 엄격히 적용할 경우 격의 범주에 들 수 없다고 보고 접속 조사의 범주에 넣고 있다. 또한 체언을 접속하면서 속격 조사가 여러 차례 겹쳐 날 수 있는 점에서도 격조사에 포함시키지 않고 접속조사에 포함시키고 있다. 다만 이 연구에서는 이 지역어에서 쓰이고 있는 이 조사의 형태, 용법과 분포를 중심으로 살펴볼 것이므로 전통적 견해를 따라 속격 조사로 보고 논의하고자 한다.

  1) '-에'

> (8) 우리 집에 돈으 만저 쓰우. (우리 집의 돈을 먼저 쓰오.)
>   아래짝에 집이 우리 집이요. (아래쪽의 집이 우리 집이에요.)
>   왠짝에 사람이 내 앙깐이[앙까이]우. (왼쪽의 사람이 내 마누라요.)

위의 예문 (8)에서 보다시피 속격 조사 '-에'는 어간말 음운론적 환경의 영향을 받지 않는다.[20] '우테'는 '우티+-에'가 연결된 것인데 '우톄→우테'로 활음화, 활음탈락의 과정을 거친 것으로 볼 수 있다.

---

20) 황대화(1986:63)에서는 함북 지역어와 육진 방언에서만 쓰이는 속격 조사의 형태에 자음 다 '으' 외에 '이'로 실현되는 경향이 있음을 밝히고 있지만 조사 지역에서 해당 예를 찾을 수가 없고 또 기타 연구문헌들에서도 언급된 바 없으므로 본 논의에서는 속격 조사의 목록에 포함시키지 않는다.

2) '-으'

    (9) 남우 집에서 다 때르 쓰는데 우리두 날래 쓰깁소. (남의 집에
        서 다 식사를 하는데 우리도 어서 합시다.)

이 지역어에서 속격 조사 '-으'는 '남', '놈'과 같은 체언 뒤에서 '-으'로 실현되는 수가 있는데 이에 대해 황대화(1986:63)에서는 체언 어간말의 음운론적 환경의 제약을 받지 않는 '-에'와 달리 자음 다음에서만 나타난다고 밝히고 있다. 하지만 '-으'가 연결될 수 있는 체언은 '남우', '여끄 새끼르' 등을 제외하면 거의 나타나지 않는다. 이 경우 '-으'는 '남우'에서처럼 'ㅁ'의 원순성으로 인해 '우'로 수의적 변화를 겪기도 한다.

속격 조사도 구어에서는 자주 생략되어 나타난다.

    (10) 그 <u>까꾸래</u> 주먼제서 무수게 나오겠니? (그 깍쟁이 주머니에
        서 뭐가 나오겠니?)
        <u>어마니</u> 사진으 내 좀 보깁소. (어머니의 사진을 내가 좀 봅
        시다.)

2.1.4. 처소격 조사

처소격 조사는 행동의 지향점, 행동의 이유, 원인 표식, 공간적인 범위, 시간적인 범위를 나타낸다(임홍빈 외, 2003:151). 이 지역에서 확인된 처소격 조사로는 '-에', '-에서/서', '-에다(가)' 등이다.

1) '－에'

    (11) ㄱ. 니 말에 내 지금 정시이 없다. (너 말에 내가 지금 정신
           이 없다.)

예문 (11ㄱ)에서처럼 처소격 조사 '－에'가 행동의 이유, 원인 표식을 나타낼 수도 있다.

    (11) ㄴ. 바제[21] 머이 묻었소. (바지에 뭐가 묻었소.)
        밥에 돌이 어째 이리 많소? (밥에 돌이 왜 이리 많소?)
        아바이 새일날에 모두기요. (할아버지 생신날에 모입시다.)
        옛날에사 헝겇에[헝거체] 수이라메 나서 땐스보이라메 맨
        들었지무. (옛날에는 천에 수랑 놓아서 텔레비전 커버랑
        만들었지요.)
        남ㄱ에[낭게] 물으 조라. (나무에 물을 줘라.)
        갉에 물으 붓어라. (가루에 물을 부어라.)

예문 (11ㄴ)에서 '－에'는 모두 낙착점을 나타낸다.

    (11) ㄷ. 모레 저낙에 가마. (모레 저녁에 가마.)
        아츰 다슷 시에 일어납데. (아침 다섯 시에 일어나데.)

처소격 조사 '－에'는 또한 예문 (11ㄷ)에서처럼 한정적인 시간을 나타내는 데에도 쓰인다.

---

21) '바제'는 '바지＋－에'가 연결된 것인데 '바제'로 활음화되고 다시 활음탈락이 일어난 것이다.

2) '-에서/서'

> (12) ㄱ. 내 가바<u>에서</u> 얻어바라. (내 가방에서 찾아봐라.)
>   어디메<u>서</u> 오는 길이니? (어디에서 오는 길이니?)
>   핵고<u>서</u> 이재 끝났니? (학교에서 이제야 끝났니?)
>   거기<u>서</u> 무사하야? (거기서 잘 있니?)

체언 어간 말음절이 개음절인 경우에 '-에서/서'가 연결되었음을 볼 수 있다. 일반적으로 이 경우 '-에서'가 연결되는 것이 원칙이지만 간혹 '-에'가 탈락한 형태인 '-서'만 연결되는 현상도 볼 수 있다.[22]

> (12) ㄴ. 넌[23] 집<u>에서</u>/집서 오는 길이니? (너희 집에서 오는 길이니?)
>   한국<u>서</u> 기벨이 왔습데? (한국에서 소식이 왔던?)

위의 예문 (12ㄴ)은 '-에'가 탈락한 형태인 '-서'가 체언 어간이 자음인 경우에도 연결이 가능함을 보여 준다.

3) '-에다/에다가'

'-에'는 또한 '다, 다가'가 붙은 '-에다', '-에다가'의 형태로도 쓰인다.

---

22) '여기, 저기, 거기' 뒤에서 '-서'가 생략되며, '에, 애' 뒤에서도 '-서'는 생략된다는 점에 대해서는 최명옥 외(2002:95)에서 이미 지적한 바 있다.

23) '넌'은 두 가지 의미를 나타낼 수 있다. 하나는 '너희'이고 다른 하나는 '너는'이다. 일반적으로 '너는'을 나타낼 때는 '너느'로 실현되므로 이 예문에서의 '넌'은 '너희'의 의미를 나타낸다.

(13) ㄱ. 짼비가매다24) 밥우 해라. (솥에다 밥을 해라.)
　　　 모재다가 담아가오. (모자에 담아 가오.)
　　ㄴ. 집에다 돴다. (집에다 뒀다.)

위의 예문에서 확인할 수 있듯 개음절 어간에는 '다가'가 연결되고 폐음절 어간에는 '−에다가'가 연결된다. '−에다/에다가'가 도구나 방법의 표식으로 사용되는 경우에는 반드시 '−다/다가'가 붙은 형태로 잘 쓰인다.

2.1.5. 여격 조사

여격 조사는 '주다' 유의 동사와 어울려 쓰인다. 여격 조사는 행위의 목적지를 나타내기도 하고 사동사 구문의 피사동주나 피동사 구문의 동작주를 가리킬 때도 쓰인다(임홍빈 외, 2003:151). 이 지역어의 경우에도 용법은 중부방언과 다를 바 없으나 그 형태적 변이에 있어서 차이를 보이고 있으므로 이에 대해 자세히 살펴보기로 한다. 이 지역어에서 확인된 여격 조사는 '−ㄴ데/인데', '−게', '−에다', '−에게(다)/게(다)', '−보구' 등이다.

1) '−ㄴ데/인데'

(14) 거 쫌 낸데(르) 가제오우. (그걸 좀 나한테로 가져오오.)
　　 니 에민데 말해라. (너 엄마한테 말해.)
　　 남인데 주므 아이 데지. (남한테 주면 안 되지.)
　　 삼추인데 갔다 오라. (삼촌에게 다녀와.)

---

24) '짼비'는 중국어 '煎饼(jianbing)'에서 차용된 것인데 이 솥 모양이 '煎饼'과 비슷하다고 하여 붙여진 이름이다.

니 그 말으 <u>누긴데</u> 들어? (너 그 말을 누구한테서 들었니?)[25]

'-ㄴ데'는 어간이 모음으로 끝난 체언에 연결되고, '-인데'는 어간이 자음으로 끝난 체언에 연결되어 행동의 방향을 나타내며 유정명사에만 연결될 수 있다.

2) '-게(다)'

> (15) ㄱ. 여끼<u>게</u> 홀리왔는 모애다. (여우에게 홀린 모양이다.)
> 미친 개<u>게</u> 물겠는두 모르겠다. (미친개에게 물렸는지 모르겠다.)
> 뉘기<u>게다</u> 말하무 데니? (누구에게 말하면 되니?)
> 선새<u>게다</u> 말하까? (선생님에게 말할까?)
> 이거 내 동새<u>게다</u> 갯다주우. (이걸 내 동생에게 가져다주오.)
> 아<u>게다</u> 모재르 씨와라. (아이에게 모자를 씌워라.)
> 이런거 닭이<u>게다</u> 멕이무 못 쓴다. (이런 걸 닭에게 먹이면 안 된다.)
> ㄴ. 행난이<u>게다</u> 말했니? (향란이한테 말했니?)
> 삼추이<u>게다</u> 말하까? (삼춘한테 말할까?)
> 경국이게다 알겠소? (경국이한테 알렸소?)

'-게'는 어간이 모음으로 끝나는 체언과 'ㅇ' 말음 체언에 연결된다. 중부방언의 경우에는 '내, 네, 제' 등과 같이 모음으로 끝나는 대명사 다음에 쓰이는 수가 많은데 이 지역어에서는 이들 대명사 외에도 모음으로 끝나는 체언에 연결된다. 자음으로 끝나는 체언에는 '-이게다'가 연결된다. 또한 이 '게'는 '다'가 붙은 '-게

---

25) 최명옥 외(2002)에서는 '듣다'의 여격어에 '한테서, 게서, 께서'를 붙인다고 지적하고 있다. 이 지역어에서는 '-ㄴ데서'도 쓰이고 있음을 확인할 수 있었다.

다'의 형태로도 자주 쓰인다.

3) '-에(다)'

'-게(다)/이게(다)'가 유정명사에만 연결이 가능한 반면 아래의 예문에서 확인되는 '-에다'는 무정명사에만 연결이 가능하다.

> (16) 예방 주사느 원래 팔<u>에다</u> 맞지. (예방 접종은 팔뚝에다 하는
>   거지.)
>   학고<u>에다</u> 알게라. (학교에 알려라.)

'-에다'는 어간 말음절의 음운론적 환경의 제약을 받지 않고 체언에 연결되며 행동의 지향점을 나타낸다.

4) '-에게'

> (17) 우리 후대<u>에게</u> 잇어[26] 주자무 잘 해사 데지. (우리 후대에게
>   이어 주자면 잘 해야 되지.)

이 지역어에서 '-에게'는 구어에서 거의 쓰이지 않는다. '-에게'는 무정명사에 연결되지 않는다.

5) '-보구'

동사 '보-'에서 문법화한 '-보구'는 유정명사에 연결되어 처격

---

26) 이 지역어에서 '잇-'는 정칙 활용을 한다.

의 기능을 한다.

(18) 니<u>보구</u> 해라데? (너보고 하라던?)
　　 아바이<u>보구</u> 밥우 잡사래라.[27] (할아버지보고 밥을 잡수라고
　　 해라.)

이기갑(2003)에 의하면 동사 '보-'가 조사로 문법화하는 방향은 두 갈래이다. 하나는 여격의 '-보고'이고, 다른 하나는 비교격의 '-보다'이다. 이 지역어에서는 '-보구'가 비교격 조사로도 쓰이고 있다.

2.1.6. 구격 조사

구격 조사는 수단이나 재료를 나타내며 방향을 나타낼 수도 있다. 이 지역어에서 확인된 구격 조사는 '-을르/ㄹ르/르'이다.

(19) ㄱ. 입<u>을르</u> 벌어먹기 바쁘다. (입으로 벌어먹기가 힘들다.)
　　　 이 돈<u>을르</u> 우티라메 싸 입어라. (이 돈으로 옷이랑 사
　　　 입어라.)
　　　 감지사 밥<u>을르</u> 해사지. (감주야 밥으로 해야지.)
　　 ㄴ. 이 <u>땐놀르</u>[28] 숙제르 해라. (이 컴퓨터로 숙제를 해라.)
　　　 이 재<u>료르</u> 논무느 쓰자. (이 자료로 논문을 쓰자.)
　　　 서답으 방칠<u>르</u> 두두리메 싳어라. (빨래를 방망이로 두드
　　　 리며 씻어라.)
　　　 이 무<u>끌르</u> 장물으 해람까? (이 무로 국을 끓이랍니까?)

---

27) '잡사래라'는 '잡수다'에 '아래라'가 연결된 것인데 '잡수-+-아래라→잡솨래라→'잡사
　　 래라'로 'w' 활음화와 이중모음의 단모음화현상을 겪은 것으로 볼 수 있다.
28) '땐노'는 중국어 차용어이다.

이 염질르 밴새르 하자. (이 부추로 만두를 빚자.)

이 오래길르 동제매오. (이 끈으로 동여매오.)

그런 소박챌르 어떻게 선새질으 하니? (그런 마음가짐으
로 어떻게 선생질을 하니?)

이 괴길르 설으 세무 델 게다. (이 고기로 설을 쇠면 될
거다.)

강챌르 흑으 퍼 담쏘. (삽으로 흙을 퍼 담소.)

불글르 쌤으 싸서 먹으무 밥맛이 도우. (상추로 쌈을 싸
서 먹으면 밥맛이 도오.)

ㄷ. 이 꿀르 모자람두? (이 꿀로 모자랍니까?)

칫솔르 이빨으 닦읍소. (칫솔로 이를 닦으시오.)

구격 조사는 그 기능에 있어서 중부방언과 아무런 차이를 보이
지 않지만 형태적으로는 다르게 쓰고 있다. 예문 (19)에서 보듯 어
간이 'ㄹ'을 제외한 자음으로 끝나는 어간에는 '‒을르'가 연결되
고 모음말음 어간에는 '‒ㄹ르', 'ㄹ' 말음 어간에는 '‒르'가 연결
된다. 곽충구(1998), 최명옥 외(2002)에서 확인된 구격 조사의 목록
은 '을루', '으루'였는데 위의 예문에서처럼 어간 말음이 'ㄹ'인 체
언 어간에는 '‒르'가 연결된다. 따라서 이 경우 구격 조사의 이형태
는 모두 '‒을르', '‒ㄹ르', '‒르' 세 개로 정할 수 있다. '‒을르'
와 '‒을루'의 차이는 수의적 변화로 보인다. 구격 조사의 이형태가
'‒을르/ㄹ르/르'로 나타날 경우에는 수단이나 재료를 나타낸다.

2.1.7. 공동격 조사

공동격 조사는 다른 것과 비교할 때 기준으로 삼는 대상임을 나
타내거나 일 따위를 함께 함을 나타내거나 상대로 하는 대상임을

나타내거나 둘 이상의 사물을 같은 자격으로 이어 준다(이익섭·임홍빈, 1988:159). 이기갑(2003)에 의하면 중부방언의 일부에 한하여 '-와/과'의 변동이 있고 나머지 대부분의 방언에서는 '-과'의 단일한 형태만 쓰이거나 아니면 쓰이지 않는 경우도 있다고 하였다. 또한 기원적으로 공동격 조사는 '-과' 하나뿐이었던 것으로 추정하고 있는데 중부방언의 일부에 나타나는 '-와/과'의 변동은 후대의 발달형이고 기타 방언에 나타나는 '-과' 계통의 방언형들은 기원적인 형의 잔존형이라고 보고 있다. 이 지역어에서 확인된 공동격 조사는 '-가/까'와 주격 조사 '-이'가 연결된 '-이가', '-이라메/라메' 등이다.[29]

1) '-가/까'

(20) ㄱ. 시내 사람<u>가</u> 농촌 사람 하무 아무래두 시내 사람이 더 아는 게 많지. (도시 사람과 시골 사람을 비교하면 아무래도 도시 사람이 아는 것이 더 많지.)
　　　　콩질금<u>가</u> 녹디질금으 재래우우. (콩나물과 숙주나물을 기르오.)
　　　　삼추이<u>가</u> 같이 감다. (삼촌과 같이 갑니다.)
　　　　선새<u>가</u> 학새느 다르지. (선생과 학생은 다르지.)
　　ㄴ. 배채<u>까</u> 감제르 섞어서 닦으무 맛있다. (배추와 감자를 섞어서 볶으면 맛있다.)
　　　　왜짐치<u>까</u> 배채짐치르 하오. (오이김치와 배추김치를 하오.)
　　　　아덜<u>이까</u> 같이 놀았슴다. (아이들과 같이 놀았습니다.)
　　　　딸<u>이까</u> 같이 장마다 갑데다. (딸과 같이 시장에 가데요.)

---

29) 채옥자(2002)에서 이미 지적하고 있다시피 기타 방언에 두루 사용되는 조사 '-하고'는 중세어에서부터 쓰였던 조사이고 또 구어에서 주로 쓰이는 조사이지만 이 지역어에서 거의 쓰지 않고 있기 때문에 공동격 조사의 목록에 포함시키지 않는다.

'-가'는 '-과'에서 활음 'w'가 탈락하여 이루어진 것이다. 예문 (20ㄱ)에서 보듯 어간 말음이 공명음인 체언 어간에는 '-가'가 연결되고 모음으로 끝나는 체언이나 장애음을 말음으로 가진 체언 어간에는 '-까'가 연결된다.

공동격 조사 '-가'는 주격 조사 '이'가 연결된 형태인 '-이까'의 형태로도 잘 쓰인다. 위의 예문에서 보다시피 폐음절 체언 어간에 연결될 경우 '-이까'가 연결되었는데 이는 이 지역어에서 '닭이(닭+-이)', '낭기(낡+-이)', '잘기(갉+-이)' 등에서처럼 명사가 주격 조사 '-이'와 결합된 형태로 많이 쓰이기 때문에 이러한 형태들이 다시 조사 '-까'와 연결된 것으로 보인다.

> (21) 자꾸 내<u>까</u> 달라무 어찌니? (자꾸 나한테 달라고 하면 어떡하니?)
> 그 일으 또 니<u>까</u> 물어보데? (그 일을 또 너에게 물어보더니?)
> 내<u>까</u> 말하지 말구 오마니<u>까</u> 말합소. (나에게 말하지 말고 어머니에게 말하시오.)
> 그런 거느 앙까이덜<u>까</u> 말하무 아이 데오. (그런 일은 아내들에게 말하면 안 되오.)

공동격 조사 '-까'는 위의 예문 (21)에서처럼 여격 조사로 확대되어 쓰이며 행위의 지향점을 나타낸다.

2) '-이라메/라메'

'-이라메/라메'는 동등한 비교의 기능을 하는 공동격 조사이다. 이기갑(2003)에서는 중부방언의 '-이랑'이 기원적으로 지정사 '이'와 종결어미 '라'에 'ㅇ'이 첨가되어 조사로 굳어진 것으로 보고

이 지역어에서 현재까지 쓰이고 있는 '-이라메'는 '-이라'와 열거를 뜻하는 '-이며'가 함께 연결해서 생겨난 어형으로 추정하고 있다. 하지만 이런 설명은 '-이라메'의 음운론적 형성 과정을 설명함에는 부족함이 있다. 반면 이에 대해 일찍이 곽충구(1998)에서는 '-이라메'를 '-이라'와 연결어미 '-으메(으며)'의 연결에서 발달한 것으로 보고 있다. '-이라메'가 '-이라'와 연결어미 '-으메'가 연결되어 격조사로만 쓰이고 또한 그 형성과정에 대해서도 음운론적으로 정확히 기술할 수 있는 점으로 보면 곽충구(1998)에서 지적한 바가 더 설득력이 있는 것 같다.

(22) ㄱ. 동새<u>라메</u> 같이 갔소. (동생과 같이 갔소.)
     동미들<u>이라메</u> 아이 가구 내 호분자 갔다왔습다. (친구들과 안 가고 나 혼자 다녀습니다.)
  ㄴ. 철수<u>라메</u> 우리 다 동갭이요. (철수랑 우리 다 동갑이오.)
     가느 생긴게 그 집에 아바이<u>라메</u> 비적하꾸마. (쟤는 생긴 것이 그 집 할아버지랑 비슷합니다.)
     청도<u>라메</u> 상해<u>라메</u> 다 가 봤슴다. (청도랑 상해랑 다 가 봤습니다.)

조사 '-이라메'는 자음으로 끝난 체언에 연결되고 '-라메'는 모음으로 끝나는 체언에 연결된다. 이들은 모두 동등 비교를 나타낼 때 쓰인다.

2.1.8. 비교격 조사

비교격 조사는 체언 어간에 연결되어 앞말이 비교의 기준이 되는 점을 갖는 부사어임을 나타내주는 격조사이다(임홍빈 외, 2003:152~153). 이 지역어에서 확인된 비교격 조사에는 '-보다', '-마이', '-마' 등이 있다.

1) '-보다'

> (23) 동새 언니보다 키두 더 크다. (동생이 언니보다 키도 더 크다.)
> 나느 밥보다 채르 마이 먹슴다. (저는 밥보다 반찬을 많이
> 먹습니다.)

조사 '-보다'의 연결은 체언 어간말의 음운론적 환경에 영향을 받지 않으며 비교의 기준이 되는 점을 갖는 부사어임을 나타낸다.

2) '-마이'

'-마이'는 체언 어간말의 음운론적 환경에 영향을 받지 않으며 동등 비교에 쓰인다.

> (24) 나두 니마이 약했으무 좋겠다. (나도 너만큼 날씬했으면 좋
> 겠다.)
> 하늘마이 커서 뭐하니? (하늘만큼 커서 뭐하니?)

'마이'는 '만이'의 'ㄴ'가 탈락된 것이다. 이는 'ᄒᆞ다가 터럭귿마 니나 지극디 몯ᄒᆞ미 이시면(飜譯小學, 7:24)', '사ᄅᆞ미…… 하다가 ᄒᆞᆫ 터럭만ㅣ나(禪永宗嘉集 언해, 60)' 등에서 보듯 16세기 자료에서도 확인된다. 이 지역어에서는 'ㄴ' 말음 어간이 '-이'로 시작되

는 조사나 어미에 연결될 때 그 어간말 자음 'ㄴ'이 탈락하는 현상
이 있는데 '마이'는 이 변화를 겪은 것으로 보인다.

　3) '－마'

　　(25) 그 집이 우리마 못산다. (그 집이 우리보다 잘살지 못한다.)
　　　　홋에미 아무리 좋아두 제 에미마 하겠소? (계모가 아무리 좋
　　　　아도 자기 어미만 하겠소?)
　　　　아매 아무리 곱게 재래와두 제 어시마 못하우. (할머니가 아
　　　　무리 예쁘게 키워 주더라도 제 부모만 못하오.)

　'마'는 중부방언의 '만'과 같은 뜻으로 쓰이는 비교격 조사이다.
'마' 역시 체언 어간의 음운론적 환경에 영향을 받지 않으며 차등
비교나 우등비교에 쓰인다는 점에서 위의 '마이'와 구별된다.[30] 중
부방언 '만큼'의 의미로 쓰이고 있는 '마'는 중세어의 '만'이 가졌
던 기능을 그대로 유지하고 있는 것으로 볼 수 있다(이기갑, 2003).

　4) '－처리'[31]

　'－처리/처르'는 모양이 서로 비슷하거나 같음을 나타내는 격조
사이다. 이 조사는 '－처리', '－처르', '－처러' 등 형태로 쓰인다.

---

30) 15세기에도 비교격 조사로 '마'가 쓰인 것을 볼 수 있다. 허웅(1992)에서도 밝히고 있다시
　　피 15·16세기 문헌에서 그 예가 확인된다.
　　엇뎨 도즉 마도 곧디 몯ᄒ니오＝(豈不如賊焉) (杜詩諺解, 25:40)
　　ᄂ외야 터럭 마도 업스리라＝(更無毫髮) (楞嚴經 諺解, 7:53)
31) 곽충구(2000)와 채옥자(2002)에서 '－처리'를 비교격 보조사라 하였다. '－처리'가 체언에
　　만 연결되고 비교격만 가질 수 있다는 점에서 이 연구에서는 이를 격조사의 하위 부류로 다
　　루기로 한다.

(26) 젖멕이느 아버지처리 생겼스꾸마. (막내는 아버지처럼 생겼습니다.)
니처리 밉게 생긴 아두 없을게다. (너처럼 못생긴 애도 없을 거다.)
자느 잰내비처리 논다. (쟤는 원숭이처럼 논다.)
자부느 거처르 한다. (조는 것처럼 한다.)

곽충구(1994, 2003)에서 지적했듯이 육진 방언의 경우 20세기 초반의 경우에는 '-텨르', '-텨러' 등에서처럼 'ㄷ' 구개음화가 일어나지 않았다. 그러나 현재 이 음운현상은 진행 중에 있는 것으로 확인되어 구개음화를 겪고 'ㅁ' 첨가가 이루어지지 않은 '-처리'나 '-처러'의 형태로 존재하고 있다. '-처리/처르'는 체언이나 동사의 명사형에 연결된다. '처리'와 '-처르', '-처러'는 특별한 음운론적 제약이 없다.

2.1.9. 인용격 조사

인용격 조사는 체언 어간에 연결되어 앞말이 직접 인용되는 말임을 나타내는 격조사(남기심 · 고영근, 1993:101)이다. 다시 말해서 원래 말해진 그대로 인용됨을 나타낸다. 이 지역어에서 확인된 인용격 조사에는 '-이라구/라구'가 있다.

(27) 내 복무워이까 이게 쉰밥이라구 말했슴다. (제가 복무원한테 이것이 상한 밥이라고 말했습니다.)
이재 머이라구 말했는지 못 들었슴다. (방금 뭐라고 말했는지 못 들었습니다.)
그거느 내 아이 입는 우티라구 말했잼까? (그것은 내가 입지 않는 옷이라고 말했잖아요.)

자음으로 끝나는 어간에는 '-이라구'가 연결되고 어간 말음이
모음으로 끝나는 어간에는 '-라구'가 연결되었다. '머이라구'는
'머이(무엇)'에 '-라구'가 연결된 것이다. '-이라구/라구'는 직접
인용을 나타내는 격조사이다.

2.1.10. 호격 조사

특정한 대상을 부를 때 그 부르는 대상을 가리켜 주는 격조사를
호격 조사(임홍빈 외, 2003:154)라고 한다. 호격 조사는 상대 높임
의 등급에 따라 나눌 수 있다. 이 지역어에서 확인된 호격 조사는
'-아/야', '-이', '∅', '-에'이다. '-아/야'는 하대의 기능, '∅'
는 평대의 기능을 한다는 점에서 중부방언과 같다. 존대, 평대에
두루 쓰이는 독특한 형태를 보이는 '-에'가 주목할 만하다.

1) '-아/야'

    (28) 행난아, 전화 받아라. (향란아, 전화를 받아라.)
        이령아, 엄만데 오나라. (이령아, 엄마한테 오너라.)
        영숙아, 오래마이구나. (영숙아, 오랜만이구나.)
        광호야, 더 놀구 가라. (광호야, 더 놀고 가라.)
        성애야, 집으 언제 가개? (성애야, 집에 언제 갈래?)

예문 (28)에서처럼 '-아'는 어간이 자음으로 끝나는 체언에 연
결되고 '-야'는 어간이 모음으로 끝나는 체언에 연결된다. 호격
조사 '-아/야'는 하대에 쓰인다.

2) '-이'

> (29) 학소이, 여기 좀 와보우. (학송이, 여기 좀 와 보게.)
>   행나이, 날래 일어나서 아츰으 하우. (향란이, 어서 일어나
>   서 아침을 하오.)
>   삼추이, 울 집에 언제 오겠슴까? (삼촌, 우리 집에 언제 오
>   겠습니까?)

예문 (29)에 쓰인 호격 조사 '-이'는 존대와 평대의 경우에 두루 쓰인다.[32) 최명옥 외(2002)에서도 용례를 들고 있지만 자세한 설명은 되어 있지 않다. 이 경우의 '-이'가 접사인지 호격 조사인지에 대해 확인할 필요가 있다. 접사는 단어를 형성함에 있어서 단어 전체의 의미 중심부가 되지 못하고 문법적인 기능을 주로 담당하게 되는 단어의 구성 요소이다. 접사는 뜻만 더해 주거나 제한하고 또 품사를 바꾸는 기능도 한다. 접사는 새로운 단어를 형성하기 때문에 접사에 의해 새롭게 형성된 단어들은 사전에 일일이 등재되는 것이 일반적이다(임홍빈 외, 2003). 접사의 개념과 기능으로부터 '영숙이'에서의 '-이'가 만약 접사라면 뜻을 더해 주거나 제한하거나 품사를 바꾸는 기능이 있어야 하는데 실제 '이'는 새로운 단어를 형성하는 데 참여한 것이 아니라 그에 의해 연결된 체언이 문장 속에서 하나의 자격을 가지도록 만들어 준 것이므로 접사로 보지 않고 격조사로 보는 것이 더 타당하다고 생각된다.

'ㄴ' 말음 체언에 연결될 경우에는 '삼추이'에서처럼 어간말 'ㄴ'

---

32) 이 지역어의 대우법 체계에서 시어머니와 며느리 사이, 장모와 사위 사이 등에서처럼 서로 대우해줘야 할 관계에 있을 경우에는 윗분이라 하더라도 아랫사람에게 반말을 하지 않는 것이 보통이다. 마찬가지로 호칭에 있어서도 시어머니는 며느리를 부를 때 하대하지 않는다.

이 탈락한다.[33]

　3) '∅'

> (30) 엄마, 요새 뭐 함까? (엄마, 요새 뭐 해요?)
> 　오래비, 내 만저 가라우? (오빠, 내 먼저 가라오?)
> 　영자, 니 쫌 우리 집으 왔다 가라. (영자, 너 좀 우리 집에
> 　다녀가라.)
> 　어머이/어마이, 내 만저 가겠스꾸마. (어머님, 저 먼저 가겠
> 　어요.)
> 　미화, 여기르 데까닥 오우. (미화, 여기로 금방 오오.)

　예문 (30)는 호격 조사가 생략된 것들인데 존대, 평대, 하대의 경우 모두 생략이 가능하다. 이 경우에는 조사에 의해 존대, 평대, 하대가 결정되는 것이 아니라 종결어미에 의해 결정된다.

　4) '－에'[34]

> (31) 헹님에, 같이 가교. (형님, 같이 가요.)
> 　아부제, 날 기다리쇼. (아버지, 절 좀 기다려 주세요.)
> 　누애, 내요. (누나, 저예요.)
> 　사람에,[35] 여기 좀 보쇼. (저기요, 여기 좀 보세요.)

　'에'는 '헹님', '아부지', '누이', '사람'에 연결된 것을 제외하면 그 쓰임을 찾아보기 어렵다. 이 '에'는 평대와 존대의 경우에만 쓰이는데 평대와 존대의 호격에 쓰이는 '이'에 조사 '에'가 연결된 융

---

33) 'ㄴ' 탈락 현상에 대해서는 제4장에서 자세히 기술할 것이다.
34) 채옥자(2002)에서는 '에'가 '존경의 호격'이란 명칭으로 논의되고 있다.
35) 상대방에 대해 적당한 호칭이 없을 때 쓰인다.

합형으로 보인다. '아부제'는 '아부지에 → 아부졔 → 아부제'로 된 것으로 활음화, 활음탈락을 거친 것으로 볼 수 있다. '누애'는 '누이'에 '에'가 연결된 것으로 볼 수 있겠다.

2.1.11. 원인격 조사

원인격 조사는 체언에 붙어 어떤 일의 까닭이나 원인을 나타낸다. 이 지역어에서 확인된 원인격 조사는 '-을래'이다. 최명옥 외(2002)에서는 '-을래'를 명사형 어미 '-기'와 조사 '-을래'의 연결로 분석할 수 있으므로 이유를 나타내는 연결어미 '-길래'와 관련이 있는 것으로 보고 있다.

(32) ㄱ. 우리 집을래 고새이 많소. (우리 집 때문에 고생이 많소.)
　　 ㄴ. 그 일래 제엔나 왔소. (그 일 때문에 일부러 왔소.)(최명옥 외(2002:104))
　　　　 술래 다 망쳤다. (술 때문에 다 망쳤다.)
　　 ㄷ. 모길(HL)래 자디 못했다. (모기 때문에 자지 못했다.)(최명옥 외(2002:104))
　　　　 더 놀기 싶은거두 닐래(HL)서 왔다. (더 놀고 싶은 것도 너 때문에 왔다.)
　　 ㄹ. 개두 아이 먹는 도일래 이 고사 하니? (개도 안 먹는 돈 때문에 이 고생을 하니?)
　　　　 사일래 잠두 아이 자구 댕긴다. (산 때문에 잠도 자지 않고 다닌다.)

예문 (32)에서 보다시피 자음으로 끝나는 체언에는 '-을래'가 연결되고 'ㄹ' 말음 체언에는 '-래'가 연결된다. (32ㄷ)에서와 같이 모음으로 끝나는 체언 어간의 경우, '-을래'가 연결되었다가

'으'가 탈락한다. '닐래서'는 '니'에 '을래'가 연결되어 '니을래' →
'닐래'로 음운과정을 겪은 것으로 '닐래'로 되는 과정에 '으' 탈락
이 일어난다. (32ㄹ)의 '도일래'는 '돈+-을래 → 돈을래 → 돈일
래'로 된 것으로 전설모음화, 'ㄴ' 탈락을 거친 것으로 보인다. '사
일래'도 '도일래'와 마찬가지의 음운과정을 거친 것이다.

> (33) <u>닐래서</u> 아이 갔지. (너 때문에 안 갔지.)(채옥자, 2002:37)
>   가 그래두 <u>선샐래서</u> 대학에 붙었소. (그 애 그래도 선생님
>   덕분에 대학에 입학했소.)

예문 (33)에서 보다시피 조사 '-을래'는 '-서'와 연결된 '-을
래서'의 형태로도 자주 쓰인다. 그 의미기능은 '-을래'와 차이가
없다.

이상에서 이 지역어의 격조사 전반에 대해 목록과 용법을 중심
으로 살펴보았다. 이 지역어에서 확인된 격조사의 목록을 정리해
보면 다음과 같다.

- 주격: -이, -께서
- 대격: -으/르/ㄹ
- 속격: -에, -으
- 처소격: -으르, -에, -에서/서, -에다(가),
- 여격: -ㄴ데/인데, -에게(다)/게(다), -보구
- 구격: -을르/ㄹ르/ㄹ

◦ 공동격: −가/까, −이라메/라메

◦ 비교격: −보다, −마이, −마, −처리

◦ 인용격: −이라구/라구

◦ 호격: −아/야, −이, −에

◦ 원인격: −을래(서)

2.2. 보조사

명사 뒤에 연결되어 그 명사의 격을 나타내 주는 조사는 격조사이다. 이 격조사와 공통점을 가져 조사의 범주에 들기는 하나 어느 한 가지 격을 담당하지 않고 또 문법적 기능보다는 의미를 담당하는, 그리고 명사 뒤에뿐만 아니라 부사나 몇몇 활용형 뒤, 심지어는 '하다' 앞의 어근 뒤에조차 연결되는 조사를 가리킨다. 격조사는 주로 문장 내의 문법적인 격과 관련되고 보조사는 문장의 의미와 관련을 맺고 있다(임홍빈 외, 2003:161).

이 지역어에서 쓰이는 보조사는 현재 중부방언에서 쓰이는 그 것과 형태상에서 많은 차이를 보인다. 이 절에서는 이 지역어의 보조사의 목록과 연결관계 및 그 용법을 자세히 살펴보도록 한다.

1) '−으느/느'

중부방언의 '−은/는'은 흔히 선행하는 체언이 주제임을 표시하거나 대조를 나타낸다. 주제는 문장의 첫머리에 나타나는 명사나 명사구에 의해 표현되는 것이 일반이고 대조는 위치에 상관없이 명사, 부사 또는 용언 등에서 실현된다(임홍빈 외, 2003:163~164). 이 지역어의 경우에는 의미나 용법에 있어서는 중부방언과 차이가 없으나 그 형태는 차이를 보이고 있다. 이 지역어에서 확인된 주제임을 표시하거나 대조, 조건의 의미를 나타내는 보조사는 '-으느/느'이다.

(34) ㄱ. 밥으느 먹구 가사지. (밥은 먹고 가야지.)
　　　벤또 작아두 햄으느 마이 싸쇼. (도시락이 작아도 반찬
　　　은 많이 싸세요.)
　　　이 돈으느 다치지 말라. (이 돈은 손대지 마라.)
　　　이 술으느 눅은 술임다. (이 술은 싼 술입니다.)
　　ㄴ. 우리 집 닭으느 아직 달걀으 못 낳스꾸마. (우리 집 닭
　　　은 아직 알을 못 낳아요.)
　　　어시 없이느 살아두 세 없으무 못 산다. (부모 없이는
　　　살아도 소 없으면 못 산다.)
　　ㄷ. 옥시느 물에 불구구, 가매다 쌀으 만저 안체라. (옥수수
　　　는 물에 불리고, 솥에 쌀을 먼저 안쳐라.)
　　　이 메가내느 누기게야? (이 안경은 누구 거냐?)
　　　거두매느 날랑 하지무. (뒷마무리는 천천히 하지 뭐.)
　　ㄹ. 선새느 산보 아이 갈게요. (선생은 엠티 안 갈 거예요.)
　　　이 나뿐 코느 메지르 쓰무 아이 덴다. (이 나쁜 콩은 메
　　　주를 쓰면 안 된다.)
　　ㅁ. 동삼에느 뭐이나 다 얼지 무슨. (겨울에는 뭐나 다 얼지 뭐.)
　　　이 질르느 못 가우. (이 길로는 못 가오.)
　　　오자마자 가서느 아이 데지. (오자마자 가서는 안 되지.)

　　'-으느/느'가운데 '-느'는 '-는'에서 'ㄴ'이 탈락된 것으로 볼 수 있다. 이러한 탈락은 비교격 조사 '-마', '-마느' 등에서도 확인된다. '-으느'는 '-느'가 생성된 후 유추에 의해 생겨난 것으로

추정하는 견해(이기갑, 2003)와 폐음절을 꺼려하는 경향으로부터 '-은/ㄴ'에 '-으'가 첨가된 것으로 보는 견해(곽충구, 1998)가 있다. 이 조사 외에도 '-으'로 시작되는 많은 조사들이 존재하는데 이들이 음운과정에 참여할 때 '-으'가 첨가된 것으로 보면 그 형태소 경계에서의 음운현상에 대한 설명이 보다 간단하게 된다.

어간이 자음으로 끝나는 체언에는 '-으느'가 연결되고 어간이 모음으로 끝나는 체언에는 '-느'가 연결된다. '-으느/느'는 예문 (34ㄱ)~(34ㄹ)에서처럼 어간에 직접 연결되기도 하고 예문 (34ㅁ)에서처럼 격조사 뒤나 활용어미 뒤에 연결되기도 한다.[36) 예문 (34ㄹ)의 '선새느', '코느'는 어간이 'ㅇ'으로 끝나는 어간에 보조사 '-느'가 연결된 경우이다. 이 경우에는 형태소 경계에서 어간말 'ㅇ' 탈락을 경험한 후 다시 '-느'와 연결된 것이다.

2) '-두'

'-두'는 체언 어간, 부사어, 연결어미 '-아, -게, -지, -고', 합성동사 선행요소의 뒤에 연결된다.[37)

(35) ㄱ. 아바이, 나두 같이 가깁소. (할아버지, 저도 같이 갑시다.[38))
　　　밥마 먹지 말구 햄두 해 먹어라. (밥만 먹지 말고 반찬
　　　도 해서 먹어라.)
　　　설에느 아재네두[39) 오구 모다매네두[40) 오겠지. (설에는

---

36) 최명옥(1980)에서는 호격과 속격을 제외한 모든 격의 체언에 연결될 수 있고 용언의 활용어미나 부사어 뒤에도 연결될 수 있다고 하였는데 이 지역어도 예외가 아닌 것으로 보인다.

37) 보조사 '-두'의 의미, 기능에 관해서는 임홍빈 외(2003) 참조.

38) 중부방언의 경우 'ㅂ시다'는 웃어른에 쓸 수 없다. 이 지역어에서는 웃어른에도 'ㅂ시다'가 쓰이므로 예문에 대한 번역을 'ㅂ시다'로 했다.

이모네도 오고 큰고모네도 오겠지.)

바지도 사구 초매도 사구 살 게 많다. (바지도 사고 치마도 사고 살 것이 많다.)

ㄴ. 저 각시네느 아르 옷으 곱게두 입혔소. (저 새댁네는 애 옷을 예쁘게도 입혔소.)

동미들가 놀아래두 말으 아이 듣구 나가서 맘멜르 해래두 들었는두 말았는두……. (친구들과 놀라고 해도 말을 안 듣고 나가서 하고 싶은 거 하라고 해도 들었는지 말았는지…….)

예문 (35)에서 보조사 '-두'는 체언이나 부사어, 동사의 활용형에 직접 연결되어 이미 어떤 것이 포함되고 그 위에 더함을 나타내거나 둘 이상의 대상이나 사태를 똑같이 아우름을 나타낸다.

또한 예문 (35)에서의 '-두'와는 달리 예문 (36)에서 보듯 '-두'는 '양보하여도 마찬가지로 허용됨'을 나타낸다.

(36) 그때사 밥두 제대루 못 먹구 자랐지무. (그때야 밥도 제대로 먹지 못하고 컸지 뭐.)

우리두 아즉 새애기르 못봤스꾸마. (우리도 아직 색시를 못 봤습니다.)

아매 제사에두 아이 왔습데. (할머니 제사에도 오지 않았데.)

저런 사람가느 말해두 쓸 데 없스꾸마. (저런 사람과는 말해도 소용없습니다.)

우티 낡아두 파이 아이 나무 일없소. (옷이 낡아도 해지지 않으면 괜찮소.)

---

39) '아재'는 어머니의 여동생도 가리킬 수 있고 아버지의 여동생도 가리킬 수 있다.

40) '모다매'는 이 지역어에서 '마다매'로 실현되기도 하는데 어머니의 언니, 아버지의 누나를 가리킨다. '모다매'와 '마다매'는 각기 '몯+아매', '맏+아매'로 분석되는데 '몯'과 '맏'은 모두 '몯'에서 변화한 것으로 전자는 ㄷ으〉오(원순모음화), 후자는 '으〉아'의 변화를 겪은 것이다. 또한 큰어머니, 어머니의 오빠의 아내, 즉 외숙모를 가리킬 수도 있다. '아재'와 '모다매'는 아버지, 어머니를 기준으로 나이가 많으면 '모다매', 나이가 어리면 '아재'로 호칭한다.

예문 (37)에서의 보조사 '-두'는 체언 어간이나 동사의 활용형 어간에 직접 연결되어 극단적인 경우까지 양보하여, 다른 경우는 더 말할 필요도 없이 그러하다는 뜻을 나타낸다.

(37) 돈두 흔해 빠졌다.[41] (돈도 흔하다.)
　　　백 번두 더 말했겠다. (백 번도 더 말했겠다.)
　　　씹두 대이쿠 넘구니? (씹지도 않고 삼키니?)
　　　살차기두[42] 하지, 이재 신으 산 지 열흘두 아이 데는데. (덜
　　　렁대기도 하지, 아직 신을 산 지 열흘도 안 되는데.)

예문 (38)에서 보조사 '-두'는 동사의 활용형 어간, 연결어미 뒤에 연결되어 놀라움이나 감탄, 실망의 감정을 강조한다.

(38) 자느 밥으 아무리 마이 먹어두 아이 실해진다. (쟤는 밥을
　　　아무리 많이 먹어도 살찌지 않는다.)
　　　호분자 잘 노다가두 자부렙기마 하무 떼질으 쓰까 하우. (혼
　　　자 잘 놀다가도 졸리기만 하면 떼를 쓸까 하오.)
　　　우리 집 앞으 지나가메두 어째 아이 들릅데. (우리 집 앞을
　　　지나가면서도 웬일인지 안 들리데.)

---

41) '빠졌다'는 '빠지- + -었다'가 연결된 것인데 '이' 활음화가 일어나서 '빠졌다'로 되었다가 다
　　시 '이' 활음탈락을 경험하고 '빠졌다'로 된 것이다. 자세한 사항은 제4장에서 다루기로 한다.

42) '살차다'는 김태균(1986)에서 '성질이 붙임성이 없고 차고 매섭다'로 뜻풀이되어 있고 또
　　'어린 아이들에게 하는 말'이라고 해석하고 있다. 하지만 실제 이 지역에서 사용되고 있는
　　의미를 조사해 본 결과 '성질이 얌전하지 못하여 덜렁대거나 옷이나 물건을 사용함에 있어서
　　오래도록 쓰지 못하는' 성격을 가진 사람을 이를 때 많이 쓰였으며 또한 어린아이들뿐 아니
　　라 어른들에게도 쓸 수 있다.

3) '-아부라'43)

이 지역어에는 '-조차', '-까지'와 같은 의미로 쓰이지만 형태는 전혀 다른 보조사 '-아부라'44)가 있다. '-아부라'는 일반적으로 예상하기 어려운 극단적인 경우까지 양보하여 포함함을 나타낸다.

(39) ㄱ. 니아부라 내 말으 아이 들으이 누기 듣겠니? (너조차 내 말을 안 들으니 누가 듣겠니?)
우티아부라 두구 간게무. (옷조차 두고 간 것이지 뭐.)
요쌔느 쌍발아부라 아이 가구 어째 저래는지 모르갰다. (요새는 출근조차 안 하고 왜 저러는지 모르겠다.)
밥이 모질라서 묵은 밥아부라 다 먹구 갔슴다. (밥이 모자라서 묵은 밥까지 다 먹고 갔습니다.)
소학고아부라 제댈르 못 댕겠을 게요. (초등학교조차 제대로 다니지 못했을 거요.)
ㄴ. 먹는 거아부라 제한하무 아이 데우. (먹는 것마저 제한하면 안 되오.)
어저느 제아부라 말으 일구오? (이제는 자네조차 말썽을 일으키오?)
승천으아부라 제댈르 받기 바뿌우. (거스름돈조차 제대로 받기 힘드오.)

예문 (39ㄱ)에서 보조사 '-아부라'는 모두 체언 어간에 직접 연결된 경우이고 (39ㄴ)은 보조사 '-아부라'가 의존명사나 대명사, 기타 조사 뒤에 직접 연결된 경우이다.

이 '-아부라'에 대해 이기갑(2003)에서는 동남방언의 '하부라'에

---

43) 최명옥 외(2002)에서는 '압사라'로 보고되었는데 필자가 조사한 지역에서는 '아부라'로 나타났다.
44) 채옥자(2002)에서는 '아부라'의 어원에 대해서 중세어의 '아올(幷)+아'와 관련을 짓고 있다.

서 어두 'ㅎ'가 탈락한 것으로, 김병제(1965)에서는 '아우르다'의 방언 '어부르다'의 음운적 변이형으로 추정한 바 있다. '하부라'에서 어두 'ㅎ'이 탈락한 것으로 보면 '하부라'에서 '아부라'에의 변화과정은 설명할 수 있지만 궁극적으로 '아부라'의 어원은 여전히 밝히지 못한다. 또한 '하부라'와 '아부라'의 출현에서 어느 것이 먼저 나타났는지 확인하기 어렵다.

4) ' - 마'

보조사 ' - 마'는 강조나 한정, 비교의 뜻을 나타내는 데 쓰인다. 허웅(1989:120)에서도 확인되는바 16세기에는 ' - 만', ' - 맛감', ' - 마' 등 세 가지 형태의 보조사가 존재했지만 현재 중부방언의 경우에는 ' - 만' 하나만 남아 있고 이 지역어에 남아 있는 것은 ' - 마'이다.

    (40) ㄱ. 자기마 하구 공부느 언제 하개? (자기만 하고 공부는 언제 하겠니?)

        놀기마 하구 대학으 가겠니? (놀기만 하고 대학에 가겠니?)

        먹어마 보지 말구 맛있는가 말으 해보쇼. (먹어만 보지 말고 맛있는지 말을 해 보세요.)

        짐치마 먹지 말구 장물두 먹어라. (김치만 먹지 말고 국도 먹어라.)

      ㄴ. 집에.마 있지 말구 나가 놀아라. (집에만 있지 말고 나가 놀아라.)

        니보구마 말하데? (너보고만 말하데?)

예문 (40ㄱ)은 보조사 ' - 마'가 동사의 명사형, 동사의 활용형 뒤, 체언 뒤에 연결되어 다른 것으로부터 제한하여 어느 것을 한정함을

나타내는 경우이다. (40ㄴ)은 보조사 '-마'가 조사 뒤에 연결된 것
이다. 여기서의 한정은 적극적 선택에 의한 것으로 볼 수 있다.

(40) ㄷ. 할날마 더 놀다 가쇼. (하루만 더 놀다 가세요.)
      오놀으느 요기꺼지마 해라. (오늘은 여기까지만 해라.)

예문 (40ㄷ)은 보조사 '-마'가 체언이나 조사 뒤에 연결된 것이
다. 이 예들에서 '-마'는 화자가 기대하는 마지막 선을 나타내는
역할을 한다.

(40) ㄹ. 자느 내마 보무 돈으 달란다. (쟤는 나만 보면 돈을 달
      라고 한다.)
      장물마 마즈 끌이무 다 댓소. (국만 마저 끓이면 다 됐소.)
      쪼꼼 삐치기마 해두 슳에하오.[45] (조금 참견만 해도 싫
      어하오.)
      나느 니 깝짜르기마[46] 하무 무슨 말으 하자는지 안다.
      (난 네가 꿍꿍거리기만 하면 무슨 말을 하려고 하는지
      안다.)
      공부마 해라무 어디 아프담다. (공부만 하라고 하면 어
      디가 아프다고 합니다.)

예문 (40ㄹ)의 '-마'는 어떤 것이 이루어지거나 어떤 상태가 되
기 위한 조건을 나타낸다.

---

45) 이는 중세국어의 '슬흐여ᄒ다(李朝語辭典)'에서 변화된 것으로 '슳에하오'는 '슬흐여ᄒ-→
    슬혀ᄒ-슬헤ᄒ-슬에ᄒ-'의 변화과정을 거친 것이다.
46) 김태균(1986)에서는 표제어가 '깝짜르다'로 되어 있고 '변이 나오도록 힘을 주다'의 뜻으로
    쓰인다고만 하였다. 필자가 조사한 지역에서는 '깝짜르다'로 나타나고 또 말이나 행동을 함
    에 있어서도 꾸물거릴 경우에도 자주 쓰인다.

5) '-이사/사'

보조사 '-이사/사'는 배제나 대조의 의미를 표시하는 '-으느/느'
와 비슷한 기능을 하면서 '물론, 당연히' 그렇다는 뜻을 더 나타내
준다. '-사'는 중세어의 '-아'에서 기원한 것으로 보인다. 음절의
음운론적 환경에 영향을 받지 않고 모두 '-아'가 연결된다.[47] 이
지역어의 경우 반치음 'ㅿ'가 'ㅅ'으로 대응된 것이다. 허웅
(1989:111)에서도 확인되다시피 16세기에는 '-아', '-아', '-사',
'-야' 등 네 개의 이형태가 존재했지만 현재 이 지역어에는 '-
사'만 남았다고 볼 수 있다.

(41) ㄱ. 지금<u>이사</u> 각시라구 불르지, 옛날에느 애기라구 불렀소.
       (지금이야 각시라고 부르지, 옛날에는 애기라고 불렀소.)
       입쌀<u>이사</u> 최고지. (입쌀이야 최고지.)
       선새덜<u>이사</u> 방학이 있어서 좋지. (선생들이야 방학이 있
       어서 좋지.)
   ㄴ. 그 집에 아<u>사</u> 공부 잘하는게무. (그 집의 애야 뭐 공부
       를 잘하니까.)
       어저<u>사</u> 다시 아이 오겠지무. (이제는 다시 안 오겠지.)
       공자느 내 탔는데 제<u>사</u> 좋아서 난시구나. (월급은 내가
       탔는데 자기가 좋아서 난리구나.)
   ㄷ. 도<u>이사</u> 많지. (돈이야 많지.)
       초시<u>이사</u> 신었지. (짚신이야 신었지.)

____

47) 이 각시아 내 얻니논 ᄆᆞᅀᆞ매 맛도다 (釋譜詳節 6:14)
   오ᄂᆞᆯᅀᅡ 사ᅀᅵ 얻과라 (月印釋譜 7:9)
   諸佛이 出世호미 難히아 맛나ᄂᆞ니＝(諸佛出世難可値遇 법화 5:148)
   네 가아 ᄒᆞ리라 (龍飛御天歌 94장)

체언 어간에 연결될 경우 예문 (41)에서 보듯 'ㄴ'을 제외한 자음으로 끝나는 어간에는 '-이사'가 연결되고 모음으로 끝나는 체언 어간의 경우에는 '-사'가 연결된다. (41ㄷ)의 '도이사', '초시이사'에서처럼 'ㄴ' 말음 체언 어간에는 '-이사'가 연결된 것으로 볼 수 있다.

      (41) ㄹ. 고도에<u>사</u> 짭아<u>사</u> 밥 햄이 데지. (고등어야 짜야 밥반찬이
               되지.)
              먹<u>어사</u> 살지. (먹어야 살지.)
              자<u>기사</u> 잘 자지. (자기야 잘 자지.)
              선새말<u>이라사</u> 듣지, 내 말으느 통 아이 듣소. (선생님
               말이라야 듣지, 내 말은 전혀 듣지 않소.)
              공부르 제젤르 해<u>조사</u> 말이지, 어시 아무리 해라구 해두
               쓸데없소. (공부를 스스로 해 줘야 말 이지, 부모가 아
               무리 해라고 해도 소용없소.)

보조사 '-이사/사'는 예문 (41ㄹ)에서와 같이 동사의 활용형이나 동사의 명사형, 부사어에도 직접 연결된다. 또한 '선새말이라사'에서처럼 '-라'와 연결된 형태로도 쓰인다.

6) '-부터'

보조사 '-부터'는 어떤 일이나 상태 따위에 관련된 범위의 시작임을 나타낸다(임홍빈 외, 2003:166). 대부분의 방언에서 끝소리에 'ㅁ'이 첨가되어 '-부텀', '-버텀', '-보탐' 등으로 쓰이는 반면 이 지역어에서는 간혹 'ㅇ'이 첨가된 '-보탕', '-부텅'이 보인다고도 하는데[48] 해당 조사 지역어에서는 'ㅇ'이 첨가된 형태들은 발

견되지 않는다.

(42) ㄱ. 니부터 아부재기르 치니 나두 그랬지. (너부터 소리 지
르니 나도 그런 거야.)
자느 장물으 먹어두 건지부터 먹는다. (쟤는 국을 먹어도
건더기부터 먹는다.)
즐거부터 무셉아하지 말라. (미리부터 무서워하지 마라.)
아랠르부터 채곡채곡 개에서 올레나라. (아래로부터 차
곡차곡 개여 올려놓아라.)

예문 (42ㄱ)에서 보면 '부터'는 '니부터', '건지부터'에서처럼 체언에 연결되거나 '즐거부터', '아랠르부터'에서처럼 부사어에 직접 연결되기도 하였다. 여기서 '-부터'는 시작임을 나타낸다.

(42) ㄴ. 새박부터 저낙까지 날그므49) 데깼지. (새벽부터 저녁까
지 나르면 되겠지.)
초지낙에 일굽시부터 자무 아츰에 네시꺼지사 자지. (초
저녁 일곱시부터 자면 아침 네시까지야 자지.)

위의 (42ㄴ)에서 보듯 보조사 '-부터'는 '-꺼지'와 짝을 이루어서 쓰이기도 한다.

7) '-꺼지'

보조사 '-꺼지'는 어떤 일이나 상태에 관련된 범위의 끝임을 나타내거나 이미 어떤 것이 포함되고 그 위에 더함의 뜻(임홍빈 외,

---

48) 자세한 내용은 이기갑(2003) 참조.
49) '날그무', '날가라'에서 보듯 이 지역어에서 '나르다'는 '날그-'로 재구조화되었다.

2003:166)을 나타내기도 한다.[50]

  (43) ㄱ. 아덜이 방학할때꺼지느 심심하다. (애들이 방학할 때까
      지는 심심하다.)
     네리꺼지 팅대[51]이라꾸마. (내일까지 정전이래요.)
     아께꺼지 있었댓는데……. (아까까지 있었었는데…….)

 예문 (43ㄱ)에서 '-꺼지'는 체언이나 부사어 뒤에 연결되어 일
의 범위의 끝임을 나타낸다.

  (43) ㄴ. 선새꺼지 다 온담다. (선생님까지 다 온답니다.)
     집꺼지 다 말아먹구……. (집까지 다 말아 먹고…….)
     배고푼 데다 칩기꺼지 해서……. (배고픈 데다가 춥기까
     지 해서…….)

 예문 (43ㄴ)에서 '-꺼지'는 체언이나 동사의 명사형에 연결되어
이미 어떤 것이 포함되고 그 위에 더함의 뜻을 나타낸다.
 또한 보조사 '-꺼지'는 앞에 제시한 예문 (42ㄴ)에서와 같이
'-부터'와 짝을 이루어 시작과 끝임을 나타낸다.

 8) '-마다'

 보조사 '-마다'는 체언에 연결되며 '각각', '균일'의 뜻을 나타

---

50) 최명옥 외(2002)에서는 이 보조사의 의미를 [미침]으로 기술하였다.

51) '팅대이'는 '팅댄＋-이'가 연결되어 이루어진 것인데 여기서 '팅댄'은 중국어 '停電
 (tingdian)'을 차용한 것이다. 이처럼 이 지역어에서는 '텔레비전'을 '땐스(dianshi)', '퇴근'
 을 '발(xiabanr)'이라고 하는, 중국어에서 직접 차용해 들어와 사용되는 어휘들이 많다. 이를
 龍井 지역어의 특징으로 볼 수 있겠다.

낸다.

> (44) <u>마다</u> 모도 크다. (방마다 모두 크다.)
> 장마다<u>마다</u> 다 문으 닫았다. (시장마다 다 문을 닫았다.)
> 핵꼬<u>마다</u> 같두 내이캤지무.[52] (학교마다 같지 않겠지 뭐.)

'ㅇ' 말음 체언 어간에 '-마다'가 연결될 경우에는 형태소 경계에서 어간말 'ㅇ'이 탈락을 먼저 경험하고 다시 '-마다'가 연결된다. '-마다'는 체언 어간의 음운론적 환경의 영향을 받지 않는다.

9) '-이나/나'

보조사 '-이나/나'는 마음에 차지 않는 선택 또는 최소한 허용되어야 할 선택이라는 뜻을 나타낸다(임홍빈 외, 2003:168). 어간이 자음으로 끝나는 체언에는 '-이나'가 연결되고 모음으로 끝나는 체언에는 '나'가 연결된다.

> (45) ㄱ. 경심<u>이나</u> 먹구 가라. (점심이나 먹고 가라.)
> 세시<u>나</u> 하구 나갑소. (세수나 하고 나가시오.)

예문 (45ㄱ)에서 '-이나/나'는 체언 어간에 연결되어 '최소한 허용되어야 할 선택'이라는 뜻을 나타낸다.

---

52) '같두 내이캤지무', '곱두 내이타' 등에서 보다시피 '내이쿠', '내이타'의 어간의 기저형을 '내잉-'으로 추측할 수 있다. 모음으로 시작되는 어미와 연결할 경우 '내잉- + -으무 → 내이으무 → 내이무'로 어간말 'ㅎ' 탈락, 완전순행동화를 겪은 것으로 볼 수 있다.

(45) ㄴ. 이재 한 수무 살<u>이나</u> 댔겠다. (이제 겨우 스무 살이나
　　　되었겠다.)
　　　얼매<u>나</u> 데는지 모르겠소. (얼마나 되는지 모르겠소.)

예문 (45ㄴ)에서 '－이나/나'는 수량을 나타내는 체언 어간에 연
결되어 '수량이나 정도를 어림잡는 뜻'을 나타낸다.

(45) ㄷ. 집아<u>이나</u> 바깥<u>이나</u> 비뚜름하다. (집 안이나 바깥이나 비
　　　슷하다.)
　　　아매<u>나</u> 아바이<u>나</u> 아무 사람두 다 데꾸마. (할머니나 할
　　　아버지나 아무 사람도 다 됩니다.)

예문 (45ㄷ)에서 '－이나/나'는 체언 어간에 연결되어 여러 가지
중에서 어느 것을 선택해도 상관없음을 나타낸다.

10) '－크녕'

어떤 사실을 부정하는 것은 물론 그보다 덜하거나 못한 것까지
부정하는 뜻을 나타내거나 '말할 것도 없거니와 도리어'의 뜻을 나
타내기도 한다.

(46) ㄱ. 록음기<u>크녕</u> 라지도두 없었다. (카세트커녕 라디오도 없
　　　었다.)
　　ㄴ. 땐스느<u>크녕</u> 라지오두 없었다. (텔레비전은커녕 라디오도
　　　없었다.)
　　　이팝으느<u>크녕</u> 옥시밥두 못 먹었다. (이밥은커녕 옥수수
　　　밥도 못 먹었다.)

예문 (46ㄱ)에서 '-크녕'은 체언이나 조사 뒤에 연결되어 어떤
사실을 부정함과 동시에 그것보다 못한 것까지 부정함을 나타낸다.

(46) ㄷ. <u>책크녕</u> 땐스두 아이 봄다. (책커녕 텔레비전도 보지 않
　　　　습니다.)
　　　　중학<u>고크녕</u> 소학고도 아이 댕겠슴다. (중학교커녕 초등
　　　　학교도 다니지 않았습니다.)
　　ㄹ. 돈으 <u>벌기느크녕</u> 데베 밑졌다. (돈을 벌기는커녕 오히려
　　　　밑졌다.)
　　　　세비돈53)으 <u>주기느크녕</u> 내까 돈 달라는 말마 아이 해두
　　　　좋겠다. (용돈을 주기는커녕 나한테 돈 달라는 말만 하
　　　　지 않아도 좋겠다.)
　　　　<u>오기느크녕</u> 전화두 없소. (오기는커녕 전화도 없소.)

예문 (46ㄷ), (46ㄹ)의 '-크녕'은 체언 및 조사 뒤에 연결되어
앞의 사실은 '말할 것도 없거니와 도리어'의 뜻을 나타낸다.

11) '-이래두/래두'

보조사 '-이래두/래두'는 '최선의 것이 아니라 차선의 것임'을
나타내거나 또는 '다른 경우들과 마찬가지임'을 나타낸다(이기갑,
2003:151). '-이래두/래두'는 기원적으로 지정사에 붙는 어미 '-
어도'의 변이형태이다.

(47) ㄱ. 다무 <u>얼매래두</u> 보태라. (하다못해 얼마라도 보태라.)
　　　　손바닥만 한 <u>집이래두</u> 제 집이 있어사 데지. (손바닥만

---

53) '세비돈'에서 '세비'는 '소비(消費)'가 형태소 내부에서 움라우트를 겪고 다시 단모음화를 겪
　　어 '소비>쇠비>세비'로 된 것이다.

한 집이라도 자기 집이 있어야 되지.)
억질르<u>래두</u> 먹소. (억지로라도 먹소.)

예문 (47ㄱ)에서 '－이래두/래두'는 체언이나 부사어, 연결어미의
뒤에 붙어 '최선의 것이 아니라 차선의 것'임을 나타낸다.

    (47) ㄴ. 그렇게 팔재 좋으무 내<u>래두</u> 집에서 놀겠다. (그렇게 팔
           자가 좋으면 나라도 집에서 놀겠다.)
           이런 말으느 우리 아<u>래두</u> 배와주무 인차 할게요. (이런
           말은 우리 애라도 배워 주면 금방 할 거요.)

예문 (47ㄴ)에서 '－이래두/래두'는 체언에 연결되어 다른 경우들
과 마찬가지임을 나타낸다.

12) '－댈르'

'－댈르'는 '마찬가지'의 뜻을 나타내는 보조사이다.

    (48) ㄱ. 니 맘<u>댈르</u> 해라. (너 마음대로 해라.)
           우리 손네느 거저 책<u>댈르</u> 사느 사램이요. (우리 손녀는
           그저 책대로 사는 사람이요.)
      ㄴ. 먹던 <u>댈르</u> 먹자. (먹던 대로 먹자.)
           노던 <u>댈르</u> 잤다. (놀던 대로 잤다.)
           가던 <u>댈르</u> 가무 데니? (가던 대로 가면 되니?)

'－댈르'는 중부방언의 '－대로'와 같은 의미로 쓰이는 것인데
'－대로'가 '－댈르'로 변화된 것은 이 지역어에서 구격 조사 '－

로'가 '-ㄹ르'로 실현되는 특징과 관련이 있는 것으로 보인다. 다
시 말해 '-대'에 '-ㄹ르'가 연결되어 '-댈르'가 된 것이라고 볼
수 있다. '-댈르'는 어간이 'ㄹ'로 끝나는 경우에는 어간말에서 이
'ㄹ' 탈락이 먼저 일어난다.

이상에서 이 지역어의 보조사에 대해 목록과 용법을 중심으로
살펴보았다. 이 지역어에서 확인된 보조사는 다음과 같다.

◦ 대조: -으느/느
◦ 한정: -마, -댈르
◦ 포함: -두, -아부라, -꺼지
◦ 시작: -부터
◦ 도달: -꺼지
◦ 선택: -이나/나
◦ 양보: -두,
◦ 강조: -이사/사
◦ 균일: -마다
◦ 부정: -크녕

제3장 어 미

어미는 어간에 연결하여 여러 가지 문법적인 의미를 더해 주는 요소이다. 한국어의 경우 조사와 마찬가지로 어미도 형태상으로는 단어에 연결하지만 의미기능상으로는 단어 이상의 단위에 연결한다. 조사는 별개의 단어로 보고 독립된 품사로 보아 따로 장을 두어 다루는 것이 보통이지만 어미는 용언을 언급하는 자리에서 간략하게 다루는 것이 보통이다(임홍빈 외, 2003:178). 그럼에도 이 장에서는 이 지역어의 어미들이 중부방언과 현저한 차이를 보이는 형태를 가졌고 또 중부방언이나 기타 방언과는 다른 기능을 가지고 있다는 점으로부터 자세히 살펴보기로 한다.

어미는 일반적으로 문장 내에서의 위치와 문법적인 기능에 따라 나뉜다. 위치에 따라 크게 선어말어미와 어말어미로 나눌 수 있고 어말어미는 다시 종결어미와 비종결어미로 나눌 수 있다. 비종결어미는 기능에 따라 연결어미와 전성어미로 나눈다(임홍빈 외, 2003:178). 이 장에서는 이 지역어의 어미를 종결어미, 연결어미, 선어말어미, 전성어미로 나누어 살펴본다.

3.1. 종결어미

종결어미에 대한 기술은 문체법·대우법과 관련지어 이루어져야
한다. 따라서 이 지역어의 어미를 문체법에 따라 먼저 '평서, 의문,
청유, 명령'으로 나눈다. 또한 문체법에 따른 종결어미를 대우법에
따라 '존대, 평대, 하대' 세 가지로 다시 나누어 기술하고자 한다.[54]

3.1.1. 평서형 어미

이 지역어에서 평서문을 만드는 종결어미에는 '-읍구마/습구마',
'-읍니다/습니다', '-읍더구마/습더구마', '-우/소', '-읍데/습데'
등이 있다. 이제 이들을 존대, 평대, 하대로 나누어 자세히 살펴보
도록 한다.

3.1.1.1. 존대

1) '-읍구마/습구마'

    (1) ㄱ. 저 집에서느 발써 잡(ㅍㄹ)꾸마. (저 집은 벌써 잡니다.)
           우리는 이재사 밥 먹습구마. (우리는 이제야 밥을 먹습니다.)
           장마다에서 팝(ㅍㄹ)구마. (시장에서 팝니다.)
       ㄴ. 요쌔느 이런 낭기 귀합(ㅍㄹ)구마. (요새는 이런 나무가 귀
          하오.)

---

54) 최명옥 외(2002)에 청자경어법의 등급을 하대, 평대, 존대로 나누어 설명하고 있으며, 채옥
자(2002), 김서형(2003)에서도 모두 3개의 등급으로 나누어 설명하고 있다. 이 지역어의 경
어법 특성상 3개의 등급으로 나누어져 있으므로 존대, 평대, 하대로 나누어 설명하는 것이
더 타당하다고 생각된다.

나느 이게 곱<u>습구마</u>. (저는 이게 고와요.)
지내 <u>멉(ㅠ)구마</u>. (집이 너무 멉니다.)

ㄷ. 저 앞에 께 아바이네 집<u>입구마</u>. (저 앞에 것이 할아버지네
집입니다.)
저 앞에 께 아바이네 집이 아<u>입구마</u>. (저 앞에 것이 할아
버지네 집이 아닙니다.)
손네 전<u>홥구마</u>. (손녀 전화입니다.)

ㄹ. 삼합으 나가느 버스 있<u>습구마</u>. (삼합에 나가는 버스 있습
니다.)
시내르 나가느 사람이 없<u>습구마</u>. (새벽에는 시내로 나가
는 사람이 없습니다.)

예문 (1ㄱ)은 동사, (1ㄴ)은 형용사, (1ㄷ)은 계사, (1ㄹ)은 존재사 뒤에 연결된 것이다. 모음으로 끝나는 어간에는 '－읍구마', 자음으로 끝나는 어간에는 '－습구마'가 연결된다. 모음으로 끝나는 어간의 경우 '－읍구마'가 연결되면서 어미초 '으'가 어간말 모음에 완전순행동화된 것으로 볼 수 있겠다.[55]

이 어미의 기원에 대해서 황대화(1999:300～305)에서는 겸양존칭의 선어말어미 '옵(읍/습)'과 관련이 있는 것으로 보고 이 '옵'과 종결어미 '구마'가 연결되면서 경음화를 일으켜 '꾸마'로 되었다고 보고 있다. '하꾸마'에서 '옵'이 탈락된 것은 실제 발음과정에서 '옵'이 점차적으로 약화·탈락된 것으로 보고 있다. 하지만 이는 'ㅂㄱ'연쇄에서 위치동화가 일어나 앞의 'ㅂ'이 'ㄱ'으로 바뀐 후 동일 자음이 연속되어서 'ㄱ'만 남은 것으로 이해될 수 있으며 또한 기원적으로는 '－읍구마/습구마'라고 볼 수 있으므로 실제 표기

---

55) 어간말 모음에 따라 활용형이나 기타 종결어미와의 연결 환경에 변화가 발생할 경우에는 구체적으로 기술할 것이다.

에서도 '-읍구마/습구마'로 적었다.[56)

'ㄹ' 말음 용언 어간일 경우에는 '읍구마'가 연결되는데 어간말 'ㄹ'이 탈락하고 '팔+읍구마'→'파-+-읍구마'→'팝(⬆)구마'에서 보듯 우선 어간말 'ㄹ' 탈락이 일어나고 다시 성조변화와 함께 완전순행동화가 일어난다. 마찬가지로 기타 'ㄹ' 말음 용언 어간의 경우에도 이와 동일한 과정을 거치게 된다. 모음동화 후 음절 수는 4음절로 어미초 '으'가 어간말 '아'에 동화되며 동화된 모음은 다시 음절축약으로 인해 3음절 '팝구마'가 되는데 최종 도출형은 표면성조가 '⬆'로 나타난다.

이 어미는 공식적인 상황에서는 쓰이지 않으며 중년층 이하 세대에서도 사용되지 않는다. 중년층 이하 세대들은 조선족의 언어규범의 영향을 받았으므로 이러한 어미보다는 아래에 기술하게 될 '-슴니다', '-슴다'와 같은 어미를 선호한다.

어미 '-읍구마/습구마'는 아래의 예문 (1ㅁ)에서처럼 과거시제나, 주관적 의지를 나타내는 선어말어미 '-겠-', 회상의 선어말어미 '-댓-'과 연결되어 쓰이기도 한다.

(1) ㅁ. 그 집에서느 언녀 한국에 나갔습구마. (그 집에서는 진작 한국에 나갔어요.)
   나두 이제 인차 나가겠습구마. (저도 이제 금방 나가겠어요.)
   내 어제 너메[57) 갔댓습구마. (제가 어제 시내에 갔었어요.)

---

56) '-읍구마/습구마' 후술하게 될 '-읍/습'이 연결된 형태의 종결어미 '-읍데/습데', '-읍더구마/습더구마' 등과 아울러 살펴볼 필요가 있다. 이들이 '-읍/습'과 '-구마', '-데', '-더구마' 등과의 분리가능성에 대해서는 밝히기가 쉽지 않다.

57) '너메'는 '너머+-에'가 연결된 것인데 삼합진이 고개 너머에 있으므로 '너메 간다'는 표현을 쓴다.

2) '-음니다/습니다'

 (2) ㄱ. 저 집에서느 발써 잠(HL)니다/잠(HL)미다/잠(HL)다. (저
     집에서는 벌써 잡니다.)
    씿습니다/씿습미다/씿습다. (빨래를 합니다.)
    집에서 거저 놉(HL)니다/놉(HL)미다/놉(HL)다. (집에서
    그저 놉니다.)
   ㄴ. 어저느 마이 실합(HL)니다/실합(HL)미다/실합(HL)다. (이
    제는 많이 뚱뚱합니다.)
    동삼에느 칩습니다/칩습미다/칩습다. (겨울에는 춥습니다.)
    학고 가찹던 게 지금으느 멉니다/멉미다/멉다. (학교 가
    깝던 것이 지금은 멉니다.)
   ㄷ. 이게 샐르 싼58) 우리 집임니다/집임미다/집임다. (이것이
    새로 산 우리 집입니다.)
    앙까이느 한족이 아임니다/아임미다/아임다. (아내는 한
    족이 아닙니다.)
   ㄹ. 여자 동새 있습니다/있습미다/있습다. (여자 동생이 있습니다.)
    집에 뉘기두 없습니다/없습미다/없습다. (집에 누구도 없습
    니다.)

 예문 (2ㄱ)은 동사, (2ㄴ)은 형용사, (2ㄷ)은 계사, (2ㄹ)은 존재사
어간에 연결된 것이다. 모음으로 끝나는 어간에는 '-음니다'가 연
결되고 자음으로 끝나는 어간에는 '-습니다'가 연결된다. '-습니
다'와 '-습미다'의 실현은 수의적인데 화자의 발화속도가 빠르면
'-습미다'로 실현되는 것이 보통이다. '-습다'는 '-습니다'의
'니'가 탈락한 것으로 볼 수 있다. '-음니다/습니다'는 공식적인
자리에서 많이 쓰이고 비공식적인 자리에서는 '-음다/습다'가 많

---

58) '싸다'는 '사다(買)'의 방언형이다.

이 쓰인다. 모음으로 끝나는 어간에 '-음니다', '-음비다', '-음다'가 연결될 경우에는 어미초 '으'가 어간말 모음에 완전순행동화된다.

이러한 어미들은 노인층에서도 간혹 사용하기는 하나 노인층보다는 중년층 이하 세대에서 많이 쓰인다. 초면이거나 낯선 사람과의 대화에서 필수적으로 쓰인다. 또한 청자의 사회적 지위나 신분 등이 화자보다 높을 때 정중함을 나타내기 위하여 사용한다.

이 어미는 아래의 예문 (2ㅁ)에서처럼 '-았/었-', '-댓-', '-갰-' 등 선어말어미와 연결되어 사용되기도 한다.

(2) ㅁ. 밭에 채소르 싱궜<u>습다</u>. (밭에 채소를 심었습니다.)
　　　이게 옛날에느 우리 집이댓<u>습다</u>. (이것이 옛날에는 우리
　　　집이었습니다.)
　　　나느 네리 가갰<u>습다</u>. (나는 내일 가겠습니다.)

3) '-읍더구마/습더구마'

'-읍더구마/습더구마'는 '-읍구마/습구마'와 달리 화자가 직접 경험하고 확인하고 체득한 상황을 회상하고 보고하는 자리로 옮겨와 이야기하는 기능을 가지고 있다(이익섭 외, 1988:190). 이는 '-더-'의 기능이 융합되어 있는 데 기인한다.

(3) ㄱ. 아재, 아매네느 발써 때르 쑵(HL)더구마. (이모, 할머니
　　　네는 벌써 식사를 하데요.)
　　　손목시계 잘 돌아갑(HL)더구마. (시계가 잘 돌아가데요.)
　　　초담배르 잘 맙(HL)더구마. (담배를 잘 말데요.)

아츰 다숫신데 아재네는 발써 먹습더구마. (이제 아침 다
섯 시인데 이모네는 벌써 먹더군요.)

ㄴ. 아매네 메누리 키 쿱(ㄸ)더구마. (할머니네 며느리 키 크
더군요.)

생긴 게 곱습더구마. (생긴 것이 곱더군요.)

ㄷ. 그 집에 셉(ㄸ)더구마. (그 집의 소더군요.)

그 집에 밭이 아입더구마. (그 집의 밭이 아니더군요.)

ㄹ. 도이 좀 있습더구마. (돈이 좀 있더군요.)

집에 사람이 없습더구마. (집에 사람이 없더군요.)

ㅁ. 어마이, 그 집에서느 발써 때르 다 썼습더구마. (어머니,
그 집에서는 벌써 식사를 다 했더군요.)

에미르 보이 아 곱갰습더구마. (엄마를 보니 애가 예쁠
것 같더군요.)

예문 (3ㄱ)은 동사, (3ㄴ)은 형용사, (3ㄷ)은 계사, (3ㄹ)은 존재사
어간에 연결된 것이다. 모음으로 끝나는 어간에는 '-읍더구마'가
연결되고 자음으로 끝나는 어간에는 '-습더구마'가 연결된다. 모
음으로 끝나는 어간에 연결될 경우 '-읍더구마'의 '읍'이 어간말
모음에 완전순행동화된다. 예문 (3ㄱ)의 '씁더구마'를 예로 들면
'쓰-'에 '-읍더구마'가 연결되어 '쓰읍더구마'로 되고 어미초
'읍'이 어간말 모음 '으'에 완전순행동화되면서 '씁-'의 성조가
'H'에서 'ㄸ'로 변화되는 과정을 거친다. '갑더구마'는 '가-'에
'-읍더구마'가 연결되어 '가읍더구마'로 되고 어미초 '읍'이 어간
말 모음 '아'에 완전순행동화되면서 '갑-'의 성조가 'H'에서 'ㄸ'
로 변화되는 과정을 거친다. 예문 (3ㅁ)은 '-읍더구마/습더구마'가
기타 선어말어미와 연결되어 쓰인 경우이다. 과거시제를 나타내는
'-았/었-', '-댓-', 추측의 양태를 나타내는 '-갰-'과 연결되

어 쓰이기도 한다. 이 어미는 중년층 이상 세대에서 많이 쓰인다.

4) '-읍데다/습데다'

   (4) ㄱ. 철수네느 아께아께 학고르 <u>갑(HL)데다</u>. (철수네는 아까
           전에 학교에 가데요.)
           저낙으 이재 <u>먹습데다</u>. (저녁을 이제 먹데요.)
           잘 <u>팝(HL)데다</u>. (잘 팔데요.)
     ㄴ. 아매네 메누리 키 <u>큽(HL)데다</u>. (할머니네 며느리 키 크데요.)
           생긴 게 <u>곱습데다</u>. (생긴 것이 곱데요.)
           집이 <u>멉(HL)데다</u>. (집이 멀데요.)
     ㄷ. 그 집에 <u>셉(HL)데다</u>. (그 집의 소데요.)
           그 집에 밭이 <u>아입(HL)데다</u>. (그 집의 밭이 아니데요.)
     ㄹ. 도이 좀 <u>있습데다</u>. (돈이 좀 있데요.)
           집에 사람이 <u>없습데다</u>. (집에 사람이 없데요.)
     ㅁ. 어마이, 그 집에서느 발써 때르 다 <u>썼습데다</u>. (어머니,
           그 집에서는 벌써 식사를 다 했데요.)
           에미르 보이 아 <u>곱겠습데다</u>. (엄마를 보니 애가 예쁠 것
           같데요.)
           거기르 <u>왔댓습데다</u>. (거기로 왔었습니다.)

예문 (4ㄱ)은 동사, (4ㄴ)은 형용사, (4ㄷ)은 계사, (4ㄹ)은 존재사
어간에 연결된 것이다. 모음으로 끝나는 어간에는 '-읍데다', 자음
으로 끝나는 어간에는 '-습데다'가 연결된다. '갑데다'는 '가-'에
'-읍데다'가 연결되어 '가읍데다'로 되고 어미초 '읍'이 어간말
'아'에 완전순행동화되면서 '갑-'의 성조가 'H'에서 'HL'로 변화
된 것이다. 예문 (4ㅁ)은 '-읍데다/습데다'가 기타 선어말어미들과
연결되어 쓰인 경우이다. 과거시제를 나타내는 '-았/었-', '-댓
-', 추측의 양태를 나타내는 '-겠-'과 연결되어 쓰이기도 한다.

예문들에서 확인되는바 어미 '-읍데다/습데다'는 이미 지나간 사실에 대해 회상하면서 그 내용을 전달하는 기능을 가지고 있으며 청자가 화자보다 나이가 많거나 사회적 지위, 신분이 높을 때 자주 사용된다. 예문 (4ㄱ)~(4ㅁ)에 쓰인 '-읍더구마/습더구마'가 중년층 이상 세대에서 쓰인다면 '-읍데다/습데다'는 중년층 이하 세대에서 자주 쓰인다. 젊은 부부 사이에 아내가 남편에게 사용할 수 있으며 반대로 남편은 아내에게 사용하지 않는 것이 일반적이다. 남편이 아내에게 할 때는 평대의 '-읍데/습데'를 쓴다.

3.1.1.2. 평대

1) '-우/소'

    (5) ㄱ. 내 지금 책으 보우. (내 지금 책을 보오.)
          행나이, 내 지금 밥우 먹소. (향란이, 내 지금 밥을 먹소.)
          궐련으 마우. (담배를 마오.)
       ㄴ. 키 크우. (키가 크오.)
          날씨 쎄기 칩소. (날씨가 많이 춥소.)
          올해느 가무우. (올해는 가무오.)
       ㄷ. 내 머리끼우. (내 머리카락이오.)
          내 머리끼 아이우. (내 머리카락이 아니오.)
       ㄹ. 헹제가이 있소. (형제간이 있소.)
          헹제가이 없소. (형제간이 없소.)
       ㅁ. 궐련으 피왔소. (담배를 피웠소.)
          궐련으 피우겠소. (담배를 피우겠소.)
          궐련으 피왔댓소. (담배를 피웠었소.)

예문 (5ㄱ)은 동사, (5ㄴ)은 형용사, (5ㄷ)은 계사, (5ㄹ)은 존재사에 연결된 것이다. 모음으로 끝나는 어간에는 '-우'가 연결되고 자음으로 끝나는 어1간에는 '-소'가 연결된다. 'ㄹ' 말음 용언 어간의 경우에는 이 어미 앞에서 'ㄹ' 탈락을 경험한다. 위의 예문 (5ㄱ), (5ㄴ)에서 보듯 '말-', '가물-'에 '-우'가 연결되면서 'ㄹ'이 탈락되는 것이다.

이 어미는 사용범위가 넓으면서도 까다롭다. 어미 '-우/소'는 노인층과 중년층을 비롯한 여러 계층에서 넓게 쓰이고 있다. 특이한 것은 나이가 많은 화자가 나이가 어린 청자에게도 쓸 수 있다는 것이다. 위에서도 잠깐 언급은 하였지만 시어머니가 며느리에게 사용할 수 있으며 또 이 지역어의 경우에는 반드시 사용하는 것이 바람직한 언어 예절이라고 보고 있다. 또한 장가간 아들을 대우하기 위하여 부모가 사용하기도 한다.[59] 이처럼 친족관계에 있어서 서로 대우해 줘야 될 관계에 있을 경우에는 나이가 많고 서열이 위에 있더라도 아랫사람에게 대우를 해야 한다. 시누이가 올케한테, 형수가 시동생한테 반드시 대우를 해야 한다는 것이다.[60]

예문 (5ㅁ)에서 보듯 평대 종결어미 '-우/소'도 '-았/었-', '-겠-', '-댓-' 등 선어말어미와 연결하여 쓰인다.

---

[59] 대부분의 노인들은 장성한 아들이 자식을 보게 되면서부터 아들을 대우해 준다고 한다.

[60] 형제 사이에서 형과 동생, 언니와 동생의 나이 차이가 많이 날 경우에는 동생은 형이나 언니한테 존대나 평대 등 두 가지 어미를 모두 사용할 수 있고 형도 동생한테 평대어미를 사용하는 경우가 많다. 친족관계가 아닌 경우에도 사용되는 경우가 많다. 가령 예를 들어 설명한다면 친구의 친구와 대화를 할 경우, 친숙한 사이가 아니지만 연령대가 비슷하면 서로 이 종결어미를 사용하여 상대방에 대한 자신의 대우를 나타내야 한다. 사회적 지위나 신분상으로 보면 청자의 지위가 화자보다 높지만 나이가 화자보다 젊으면 화자는 아주 높임의 '-습니다'를 사용하지 않고 평대의 종결어미 '-우/소'를 사용할 수 있다. 최근에는 표준어의 영향과 문명의식의 영향으로 인해 처음 보는 사람과 말할 경우에 존대의 종결어미를 사용하는 것이 보편화되었다. 다만 이는 도시 내에만 한정되는 것이고 대부분의 시골에서는 아직도 많이 쓰이고 있다.

2) '-읍데/습데'

> (6) ㄱ. 철수네느 아께아께 학꼬르 갑(HL)데. (철수네는 아까 전
>   에 학교에 가데.)
>   저낙으 이재 먹습데. (저녁을 이제 먹더군.)
>   호분자 읍(HL)데. (혼자 울데.)
>   ㄴ. 키 큽(HL)데. (키 크데.)
>   낯이 까맣습데. (낯이 까맣데.)
>   학고 지내 멉(HL)데. (학교 너무 멀데.)
>   ㄷ. 그 각시 하불에밉(HL)데. (그 댁이 과부이데.)
>   그 각시 하불에미 아입(HL)데. (그 댁이 과부 아니데.)
>   ㄹ. 집에 호분자 있습데. (집에 혼자 있데.)
>   집에 없습데. (집에 없데.)
>   ㅁ. 엄마 이재 밥으 고장 했습데. (엄마가 밥을 금방 했던데.)

예문 (6ㄱ)은 동사, (6ㄴ)은 형용사, (6ㄷ)은 계사, (6ㄹ)은 존재사에 연결된 것이다. 모음으로 끝나는 어간에는 '-읍데'가 연결되고 자음으로 끝나는 어간에는 '-습데'가 연결된다. 모음으로 끝나는 어간에 '-읍데'가 연결될 경우 어미초 '으'가 어간말 모음에 완전 순행동화되고 성조변화가 일어난다.

또한 예문 (6ㅁ)에서 보듯 이 어미는 과거시제를 나타내는 선어말어미와 연결되어 쓰이기도 한다.

'-읍데/습데'는 사용범위가 예문 (5ㄱ)~(5ㅁ)의 '-우/소'와 같고 이미 지나간 사실에 대해 회상하면서 그 내용을 전달하는 기능을 가지고 있다.

3.1.1.3. 하대

이 지역어의 종결어미 중 하대에 속하는 어미는 '－다', '－더라' 등이 있다.

1) '－는다/ㄴ다/다'

> (7) ㄱ. 내 지금 빨래르 싫는다. (나 지금 빨래를 한다.)
>   우리 잔체 내 짝에 친척으느 내가 일근다. (우리 결혼에
>   내 쪽 친척은 내가 부른다.)
>   집에서 논다. (집에서 논다.)
>   ㄴ. 어느때 오겠는두 기달구는 게 오시랍다. (언제 올지 기다
>   리는 것이 불안하다.)
>   날씨 칩아서 나가기 아쓸하다. (날씨 추워서 나가기 싫다.)
>   지내 멀다. (너무 멀다.)
>   ㄷ. 무겁운 짐이다. (무거운 짐이다.)
>   해깝운 짐이 아이다. (가벼운 짐이 아니다.)
>   ㄹ. 햄이 있다. (반찬이 있다.)
>   햄이 없다. (반찬이 없다.)
>   ㅁ. 이재 고장 빨래르 다 싫었다. (이제 금방 빨래를 다 했다.)
>   이제 한 사나흘 전에 일그겠다. (이제 사나흘 전에 부르
>   겠다.)
>   나두 갔맷다. (나도 갔었다.)

예문 (7ㄱ)은 동사, (7ㄴ)은 형용사, (7ㄷ)은 계사, (7ㄹ)은 존재사 에 연결된 것이다. 예문 (7ㄱ)에서 보듯 동사에 연결될 경우 실제 발화에서는 '－는다', '－ㄴ다'처럼 현재형으로 쓰이는 경우가 많 다. 'ㄹ' 말음 동사 어간의 경우 'ㄹ' 탈락을 경험한다.

종결어미 '－다'는 평범하게 서술하는 기능을 가지고 있다. '－다'

는 예문 (7ㅁ)에서 보듯 '-았/었-', '-갔-', '-댓-' 등 선어
말어미와 연결되어 쓰인다.

　2) '-더라'

'-더라'는 선어말어미 '-더-'에 '라'가 붙어 이루어진 것으로
볼 수도 있다.

(8) ㄱ. 그 집에 아느 밥으 잘 먹<u>더라</u>. (그 집의 애는 밥을 잘 먹
　　　　더라.)
　　　디비르 바꾸<u>더라</u>. (두부를 바꾸더라.)[61]
　　ㄴ. 덥<u>더라</u>. (덥더라.)
　　　오토사<u>더라</u>. (오붓하더라.)
　　ㄷ. 노느 날이더라. (휴일이더라.)
　　　노느 날이 아이<u>더라</u>. (휴일이 아니더라.)
　　ㄹ. 있<u>더라</u>. (있더라)
　　　없<u>더라</u>. (없더라.)
　　ㅁ. 옛날에느 쪼꼬맣던 게 지금으느 마이 컸<u>더라</u>. (옛날에는
　　　작던 것이 지금은 많이 컸더라.)
　　　갈 때 하느 말으 들으이 이담에 또 오겠<u>더라</u>. (갈 때 하
　　　는 말을 들으니 나중에 또 오겠더라.)
　　　작년에두 왔댓<u>더라</u>. (작년에도 왔었더라.)

예문 (8ㄱ)은 동사, (8ㄴ)은 형용사, (8ㄷ)은 계사, (8ㄹ)은 존재사
어간에 연결된 것이다. '-더라'는 화자가 직접 경험하고 확인하고
체득한 상황을 회상하고 보고하는 자리로 옮겨 와 이야기하는 기
능을 가지고 있다(이익섭 외, 1988:190). 종결어미 '-더라'도 예문

------

61) 시골에서는 아직도 콩과 두부를 교환하는 물물교환이 이루어지고 있다.

(8ㅁ)에서 보듯 '-았/었-', '-갰-', '-댔-' 등 선어말어미와 연결되어 쓰인다.

　이상에서 평서문에 사용되는 종결어미들을 존대, 평대, 하대로 나누어 살펴보았다. 이를 정리해 보이면 다음과 같다.[62]

　　◦ 존대:　-읍구마/습구마,　-읍니(미)다/습니(미)다,　-읍다/습다,
　　　　　　-읍더구마/습더구마,　-읍데다/습데다
　　◦ 평대:　-우/소,　-읍데/습데
　　◦ 하대:　-다/는다/ㄴ다,　-더라

3.1.2. 의문형어미

　이 지역어에서 의문문을 만드는 종결어미에는 '-읍두/습두', '-읍까/습까', '-읍덤두/습덤두', '-읍다/습다', '-읍데/습데', '-나', '-니', '-아/어 래', '-으라우' 등이 있다.

---

62) 자주 사용되는 어미의 목록과 용법을 확인하는 데 목적을 두었으므로 제시된 어미 외에도 누락된 어미가 있을 수 있음을 밝혀 둔다.

3.1.2.1. 존대

1) ‘-음두/습두’63)

> (9) ㄱ. 언제 문으 닫습두? (언제 문을 닫습니까?)
>   언제 갊(HL)두? (언제 갑니까?)
>   어째 상기두 오잼두?64) (왜 여태 오지 않습니까?)
> ㄴ. 일이 헗습두[헐씀두]? (일이 쉽습니까?)
>   올해느 작년 동삼마 칩습두? (올해는 작년 겨울보다 춥
>   습니까?)
>   도투궤기 애쌕핳(HL)두? (돼지고기가 느끼합니까?)
> ㄷ. 아매네 메누림두? (할머니네 며느리입니까?)
>   아매네 밭잎두[바팀두]? (할머니네 밭입니까?)
>   아매네 메누리 아임두? (할머니네 며느리가 아닙니까?)
> ㄹ. 있습두? (있습니까?)
>   없습두? (없습니까?)
> ㅁ. 발써 갔습두? (벌써 갔습니까?)
>   집으 가겠습두? (집에 가겠습니까?)
>   자 밥으 먹었댓습두? (저 애 밥을 먹었었습니까?)

  예문 (9ㄱ)은 동사, (9ㄴ)은 형용사, (9ㄷ)은 계사, (9ㄹ)은 존재사 어간에 연결된 것이다. 모음으로 끝나는 어간에는 ‘-음두’가 연결 되고 자음으로 끝나는 어간에는 ‘-습두’가 연결된다. 모음으로 끝 나는 어간에 ‘-음두’가 연결될 경우 어미초 ‘으’가 어간말 모음에

---

63) 최명옥 외(2002:159)에서는 이 지역어의 의문형 어미의 형태에 대해 ‘음둥’이라고 하면서
   말음절 ‘둥’은 말자음 ‘ㅇ’이 약화되어 ‘두’로 발음되기도 한다고 하였다. 하지만 필자가 조
   사한 지역에서는 ‘음둥’이 발견되지 않았다. ‘둥’의 말자음 ‘ㅇ’의 탈락이 수의적이 아니라
   필수적으로 탈락한 것이다.

64) ‘오지 아니 함두→ 오지 아이 함두→ 오지 애이 함두 → 오재이 함두 → 오재이 암두 →
   오잼두’로 된 것으로 볼 수 있는데 ‘ㄴ’ 탈락, ‘움라우트’, ‘모음축약’, ‘ㅎ’ 탈락, ‘모음축약’
   의 음운변화를 겪은 것이다.

완전순행동화된다. 이 어미는 젊은 층보다는 노인층의 대화에서 자주 쓰인다.

이 밖에 '-음두/슴두'는 '라'와 융합된 '-람두'의 형태로도 자주 쓰인다. 이때의 '-라'는 계사 '-이' 뒤에서 나타나는 '-라'이다.[65] '-람두'는 인용에서의 어미의 중화로 볼 수 있다.[66]

> (9) ㅂ. 학새인가 했는데 선새<u>람두</u>? (학생인가 했는데 선생이랍니까?)
> 내 이거 다 마세<u>람두</u>? (제가 이걸 다 마시랍니까?)
> 쌀으 찌서<u>람두</u>? (쌀을 찧으랍니까?)
> 대학으 간 맞딸이 왔더<u>람두</u>? (대학에 간 큰 딸이 왔더랍니까?)
> 내 네리 어디르 오<u>람두</u>? (내가 내일 어디로 오랍니까?)

(9ㅂ)에서 보듯 '-람두'는 '아니다'의 어간이나 동사 어간, 동사의 '-어/아' 명령형, 선어말어미 '-더-' 뒤에 연결되어 쓰이며 노인층의 대화에 자주 쓰인다.

2) '-ㅁ까/슴까'

> (10) ㄱ. 언제 <u>갑까</u>? (언제 갑니까?)
> 배르 뜯<u>슴까</u>? (배를 땁니까?)
> ㄴ. 이게 더 <u>큼까</u>? (이것이 더 큽니까?)
> 어느 게 더 <u>좋슴까</u>? (어느 것이 더 좋습니까?)
> ㄷ. 다 합체서 얼<u>맴까</u>? (다 해서 얼마입니까?)

---

65) '-람두'를 설명하기 위해서는 종결어미 '-다'의 이형태로 '-라'를 설정해야 할 것이나 '-라'가 단독으로 종결어미로 쓰이는 경우가 거의 없으므로 종결어미 목록에서는 제외시킨다.

66) 인용에서의 어미의 중화는 정승철(1997) 참조.

노느 날이 아<u>입</u>까? (휴일이 아닙니까?)

ㄹ. 있<u>습</u>까? (있습니까?)

없<u>습</u>까? (없습니까?)

ㅁ. 낸데서 빌레간 책으 다 봤습까? (저한테서 빌려 간 책
을 다 봤습니까?)

발써 가겠습까? (벌써 가겠습니까?)

울 집 아바이 왔댓습까? (우리 집 할아버지 왔었습니까?)

예문 (10ㄱ)은 동사, (10ㄴ)은 형용사, (10ㄷ)은 계사, (10ㄹ)은 존재사 어간에 연결된 것이다. 모음으로 끝나는 어간에는 '-ㅁ까'가 연결되고 자음으로 끝나는 어간에는 '-습까'가 연결된다.

'-음까/습까'는 기원적으로 '-읍니까/습니까'에서 '니'가 탈락한 것으로 볼 수 있다. 이 지역어의 경우에도 조선족 언어규범을 따른 표준어로부터 차용한 '-읍니까/습니까'가 존재하지만 문어에만 사용되고 노인층보다는 젊은 층이 선호하며 젊은 층들은 또한 '니'가 탈락한 형태인 '-음까/습까'를 많이 사용하는 것으로 관찰되었다. 또한 공식적인 장소에서는 '-음니까/습니까'를 쓰며 '-음까/습까'는 구어에서 많이 쓴다.

'-음까/습까'도 예문 (10ㅁ)에서 보듯 '-었/았-', '-겠-', '-댓-' 등의 선어말어미와 연결되어 쓴다.

(10) ㅂ. 학새인가 했는데 선새<u>랍</u>까? (학생인가 했는데 선생이랍
니까?)

내 이거 다 마세<u>랍</u>까? (제가 이걸 다 마시랍니까?)

쌀으 찟어[찌서]<u>랍</u>까? (쌀을 찧으랍니까?)

대학으 간 맏딸이 왔더<u>랍</u>까? (대학에 간 큰 딸이 왔더랍
니까?)

내 네리 어디르 오람까? (내가 내일 어디로 오랍니까?)

위 예문 (10ㅂ)에서 보다시피 어미 '－음까/슴까'는 '라'와 융합되어 '－람까'의 형태로도 자주 쓰인다. 이 역시 인용에서의 어미의 중화이다. 예문 (9ㅂ)의 '－람두'와 마찬가지로 어떤 사실이나 명령을 주어진 것으로 치고 그에 대한 의문을 나타낼 때 쓰인다. '－람까'는 위의 예문 (10ㅂ)에서 보듯 '아니다'의 어간이나 동사 어간, 동사의 '－아/어' 명령형, 선어말어미 '－더－' 뒤에 연결되어 쓰이며 젊은 층의 대화에 자주 쓰인다.

3) '－읍덤두/습덤두'

(11) ㄱ. 사람으 쎄기 칩(HL)덤두? (사람을 세게 치던가요?)
개 즛습덤두? (개가 짖던가요?)
키 한 메다 넘습덤두[넘씁떰두]? (키가 한 미터를 넘던가요?)
집에서 놉(HL)덤두? (집에서 놀던가요?)
ㄴ. 잔체 영 스산합(HL)덤두? (잔치가 영 스산하던가요?)
가랍습덤두? (가렵던가요?)
멉(HL)덤두? (멀던가요?)
ㄷ. 보재잏던 사람입(HL)덤두? (보지 않던 사람이던가요?)
전번 날에 갔던 집이 아입(HL)덤두? (저번 날에 갔던 집이 아니던가요?)
ㄹ. 있습덤두? (있던가요?)
없습덤두? (없던가요?)
ㅁ. 아르 쎄게 쳤습덤두? (애를 세게 쳤던가요?)

예문 (11ㄱ)은 동사, (11ㄴ)은 형용사, (11ㄷ)은 계사, (11ㄹ)은

존재사 어간에 연결된 것이다. 모음으로 끝나는 어간에는 '-읍덤두'가 연결되고 자음으로 끝나는 어간에는 '-습덤두'가 연결된다. 모음으로 끝나는 어간에 '-읍덤두'가 연결될 경우 어미초 '으'가 어간말 모음에 완전순행동화된다. (11ㄱ), (11ㄴ)에서 보듯 'ㄹ' 말음 용언 어간의 경우 'ㄹ' 탈락을 경험한다.

어미 '-읍덤두/습덤두'는 예문 (11ㅁ)에서 보듯 선어말어미 '-았/었-'과 연결되어 쓰인다.

이 어미는 상대방이 보거나 들은 지난 사실을 말하는 사람이 물어볼 때 쓴다. 상대방이 제3자의 행동이나 상태에 대해 직접 겪거나 확인한 사실에 대해 의문을 나타낸다.

이 어미는 역시 노인층의 대화에서 자주 쓰이며 젊은 층에서는 거의 쓰지 않으며 사용 범위는 '-음두/습두'와 같다고 할 수 있다.

4) '-음다/습다'

> (12) ㄱ. 더 놀재이쿠 발써 갊(HL)다?[67] (더 놀지 않고 벌써 갑니까?)
>   배르 뜯습다? (배를 땁니까?)
>   ㄴ. 이게 더 큼(HL)다? (이것이 더 큽니까?)
>   어느 게 더 좋습다? (어느 것이 더 좋습니까?)
>   ㄷ. 다 합체서 얼맴(HL)다? (다 해서 얼마입니까?)
>   노느 날이 아임(HL)다? (휴일이 아닙니까?)
>   ㄹ. 있습다? (있습니까?)
>   없습다? (없습니까?)
>   ㅁ. 낸데서 빌레간 책으 다 밨습다? (저한테서 빌려 간 책을 다 봤습니까?)

---

67) 음운현상에 관해서는 역시 '-읍데/-습데' 부분의 설명을 참조 바람.

발써 가겠습다? (벌써 가겠습니까?)

울 집 아바이 왔댓습다? (우리 집 할아버지 왔었습니까?)

예문 (12ㄱ)은 동사, (12ㄴ)은 형용사, (12ㄷ)은 계사, (12ㄹ)은 존재사 어간에 연결된 것이다. 모음으로 끝나는 어간에는 '-음다', 자음으로 끝나는 어간에는 '-습다'가 연결된다. 'ㄹ' 말음 용언 어간의 경우에는 이 어미와 연결되는 과정에서 우선 어간말 'ㄹ' 탈락을 경험한다. 이들은 평서형 어미가 의문형 어미로 통용되는 경우라 할 수 있다. 다만 평서형 어미 '-음다/습다'와 억양의 차이가 있다. 평서형 어미일 경우에는 하강조이지만 의문형 어미로 쓰일 경우에는 상승조로 나타난다.

예문 (12ㅁ)에서 보듯 이 어미는 노인층, 중년층의 대화에는 전혀 쓰이지 않으며 젊은 층이나 어린이들이 많이 쓴다.

3.1.2.2. 평대

1) '-우/소'

(13) ㄱ. 지금 책으 보우? (지금 책을 보오?)

　　　지금 밥우 먹소? (지금 밥을 먹소?)

　　　궐련으 말줄 아우? (담배를 말 줄 아오?)

　　　때르 언제 쓰(쑤)우?[68] (식사를 언제 하오?)

　　ㄴ. 키 크우? (키가 크오?)

　　　날씨 쩨기 칩소? (날씨가 많이 춥소?)

---

68) '기뿌-', '배고푸-', '나뿌-'와 같이 중부방언에서 '으' 말음 용언이던 것이 이 지역어에서는 어간말 모음이 '우'로 원순모음화되어 나타난다. 따라서 이 경우는 종결어미 '-우'와 연결되는 논의에서 제외시킨다.

올해느 가무<u>우</u>? (올해는 가무오?)

ㄷ. 제 머리끼<u>우</u>? (자네 머리카락이오?)

　　제 머리끼 아이<u>우</u>? (자네 머리카락이 아니오?)

ㄹ. 헹제가이 있<u>소</u>? (형제간이 있소?)

　　헹제가이 없<u>소</u>? (형제간이 없소?)

ㅁ. 궐련으 피왔<u>소</u>? (담배를 피웠소?)

　　궐련으 피우겠<u>소</u>? (담배를 피우겠소?)

　　궐련으 피왔댓<u>소</u>? (담배를 피웠었소?)

예문 (13ㄱ)은 동사, (13ㄴ)은 형용사, (13ㄷ)은 계사, (13ㄹ)은 존재사 어간에 연결된 것이다. 모음으로 끝나는 어간에는 '－우'가 연결되고 자음으로 끝나는 어간에는 '－소'가 연결된다. 예문 (13ㄱ)에서 '으' 말음 어간에 '－우'가 연결될 때는 어간말 '으'가 어미초 '우'의 영향을 받아 원순모음화가 일어난 것으로 볼 수 있다.

'－우/소'는 평서형 어미 '－우/소'와 형태와 쓰임이 같다. 이 지역어에서도 평서형과 의문형은 억양의 변화로 구분된다. 평서형 존대 어미일 경우에는 '－우/소'가 하강조이고 의문형 존대 어미일 경우에는 '－우/소'가 상승조이다.

또한 '－우/소'는 예문 (13ㅁ)에서 보듯 '－았/었－', '－겠－', '－댓－' 등의 선어말어미와 연결되어 쓰이기도 한다.

2) '－읍데/습데'

(14) ㄱ. 아 잘 따름(HL)데? (애가 잘 따르던?)

　　　제 호분자 머리르 빗습데? (지 혼자서 머리를 빗던?)

　　　호분자 잘 놂(HL)데? (혼자 잘 놀던?)

ㄴ. 배 고품(HL)데? (배고프던?)

　　올 재이쿠 잘 웃습데? (울지 않고 잘 웃던?)

아이 멉(ﬁﬂ)데? (멀지 않던?)

ㄷ. 그 각시 하불에밉(ﬁﬂ)데? (그 댁이 과부이데?)

그 각시 하불에미 아입(ﬁﬂ)데? (그 댁이 과부 아니데?)

ㄹ. 집에 호분자 있습데? (집에 혼자 있데?)

집에 없습데? (집에 없데?)

ㅁ. 엄마 이재 밥으 고장 했습데? (엄마가 밥을 금방 했데?)

예문 (14ㄱ)은 동사, (14ㄴ)은 형용사, (14ㄷ)은 계사, (14ㄹ)은 존재사 어간에 연결된 것이다. 모음으로 끝나는 어간에는 '－읍데'가 연결되고 자음으로 끝나는 어간에는 '－습데'가 연결된다. 모음으로 끝나는 어간에 '－읍데'가 연결될 경우 어미초 '으'가 어간말 모음에 완전순행동화된다. 이 어미는 또한 예문 (14ㅁ)에서 보듯 선어말어미 '－았/었－'과 연결되어 쓰이기도 한다.

평대의 의문형 어미 '－읍데/－습데'는 존대의 평서형 어미와 형태나 사용 범위가 모두 같다. 이 역시 위에서 기술한 어미 '－우/소'처럼 억양의 변화로 구분된다.

3.1.2.3. 하대

하대를 나타내는 이 지역어의 의문형 어미에는 '－나', '－니', '－데', '－아/어래' 등이 있다.

1) '－나'

(15) ㄱ. 니 지금 구들으 닦나? (너 지금 장판을 닦나?)

녹띠길금으 그 많은 거 다 데우나? (그 많은 숙주나물을 다 데치나?)

그 집에서 사나? (그 집에서 사나?)

　　ㄴ. 배고푸나? (배고프나?)
　　　　칩나? (춥나?)
　　　　머나? (머나?)
　　ㄷ. 밭이나? (밭이나?)
　　　　밭이 아이나? (밭이 아니나?)
　　ㄹ. 있나? (있나?)
　　　　없나? (없나?)
　　ㅁ. 갔나? (갔나?)
　　　　갔댓나? (갔었나?)
　　　　가겠나? (가겠나?)

　예문 (15ㄱ)은 동사, (15ㄴ)은 형용사, (15ㄷ)은 계사, (15ㄹ)은 존재사 어간에 연결된 것이다. '-나'의 연결은 어간말 음운론적 환경의 제약을 받지 않는다. 'ㄹ' 말음 어간에 연결될 경우에는 우선 어간말 'ㄹ' 탈락을 경험한다. 또한 예문 (15ㅁ)에서 보듯 선어말어미 '-았/었-', '-댓-', '-겠-' 등과 연결되어 쓰이기도 한다.

　2) '-니'

　(16) ㄱ. 누기르 기달구니? (누구를 기다리니?)
　　　　구얘 난 데르 깁니? (구멍 난 데를 깁니?)
　　　　집에서 노니? (집에서 노니?)
　　ㄴ. 중간에 삐체서 얼매나 오시랍니? (가운데 참견해서 얼
　　　　마나 불안하니?)
　　　　따따사니? (따뜻하니?)
　　　　얼매나 머니? (얼마나 머니?)
　　ㄷ. 니 언니 아이니? (너의 언니가 아니니?)
　　　　니 책이니? (너 책이니?)

　　　ㄹ. 있니? (있니?)
　　　　　없니? (없니?)
　　　ㅁ. 기달괐니? (기다렸니?)
　　　　　기달구겠니? (기다리겠니?)
　　　　　기달괐댓니? (기다렸었니?)

　　예문 (16ㄱ)은 동사, (16ㄴ)은 형용사, (16ㄷ)은 계사, (16ㄹ)은
존재사에 연결된 것이다. 'ㄹ' 말음 용언 어간에 연결될 경우에는
어간말 'ㄹ'의 탈락을 경험한다. '-니'는 예문 (16ㅁ)에서 보듯
'-앗/엇-', '-겠-', '-댓-' 등의 선어말어미와 연결되어 쓰
이기도 한다.

　　이 어미는 친밀한 사이에서 자주 쓰인다.

　　3) '-데'

　　　(17) ㄱ. 기슴으 매데? (김을 매더냐?)
　　　　　　　서답으 싲데? (옷을 빨더냐?)
　　　　　　　바람이 쎄기 불데? (바람이 세게 불더냐?)
　　　　　ㄴ. 그게 그렇게 불부데? (그게 그렇게 부럽더냐?)
　　　　　　　그 여자 그렇게 좋데? (그 여자가 그렇게 좋더냐?)
　　　　　　　집이 멀데? (집이 멀더냐?)
　　　　　ㄷ. 니 아느 사램이데? (네가 아는 사람이더냐?)
　　　　　　　니 아느 사램이 아이데? (네가 아는 사람이 아니더냐?)
　　　　　ㄹ. 있데? (있더냐?)
　　　　　　　없데? (없더냐?)
　　　　　ㅁ. 기슴으 맷데? (김을 맸더냐?)
　　　　　　　기슴으 맷다데? (김을 맸다더냐?)

　　예문 (17ㄱ)은 동사, (17ㄴ)은 형용사, (17ㄷ)은 계사, (17ㄹ)은

존재사 어간에 연결된 것이다. '-데'는 어간말 음운론적 환경의
영향을 받지는 않는다. '-데'는 예문 (17ㅁ)에서 보듯 선어말어미
'-았/었-' 뒤, 종결어미 '-다' 뒤에 연결되어 쓰이기도 한다.
'맸다데'는 선어말어미, 종결어미 뒤에 '-데'가 연결된 것인데 인
용의 의미를 나타낸다.

'-데'는 과거에 직접 경험하여 새로이 알게 된 사실에 대한 물
음을 나타내는 종결어미이다.

4) '-아/어래'

> (18) 이 우티르 뻿<u>어래</u>? (이 옷을 벗으라니?)
> 이 우티르 입<u>어래</u>? (이 옷을 입으라니?)
> 마사진 거 데지구 새걸르 바<u>까래</u>? (고장 난 거 버리고 새것
> 으로 바꾸라니?)

어미 '-아/어래'는 동사 어간에만 연결된다. 부사형 어미 '-아/어'
가 연결된 형태인 만큼 '-아/어'의 선택은 이 지역어의 특징을 따
른다. '바까래'는 '바꾸-＋-아래→바꽈래→바까래'로 활음화, 활
음탈락이 일어난 것으로 볼 수 있다.

이 어미는 어떤 사실이 주어진 것으로 치고 그에 대한 의문을
나타낼 때 쓰는 종결어미이다. 이 어미는 다른 선어말어미와 연결
되지 않는 것이 특징이다. 또한 청자에게 화자 자신의 의도를 물어
볼 때 쓰며 청자에게 확인을 요구하는 경우에 쓰인다.

5) '-으까'

    (19) ㄱ. 밥으 같이 먹<u>으까</u>? (밥을 같이 먹을까?)
        벤소깐으 같이 <u>가(HL)까</u>? (화장실에 같이 갈까?)
        집에서 <u>노(HL)까</u>? (집에서 놀까?)
     ㄴ. 곱<u>으까</u>? (고울까?)
        키 <u>크(HL)까</u>? (키 클까?)
        슗<u>으까</u>? (쉬울까?)
        <u>머(HL)까</u>? (멀까?)
     ㄷ. 집<u>의(HL)까</u>? (집일까?)
        집이 아<u>의(HL)까</u>? (집이 아닐까?)
     ㄹ. 있<u>으까</u>? (있을까?)
        없<u>으까</u>? (없을까?)

예문 (19ㄱ)은 동사, (19ㄴ)은 형용사, (19ㄷ)은 계사, (19ㄹ)은 존재사 어간에 연결된 것이다. 어간이 모음으로 끝나든 자음으로 끝나든 모두 '-으까'가 연결된다. 모음으로 끝나는 어간에 연결될 경우에는 어미초 '으'가 어간말 모음에 완전순행동화한다. (19ㄴ)의 '슗으까'는 '슗-'에 '-으까'가 연결된 것으로 'ㅎ'이 모음으로 시작되는 어미 앞에서 탈락한 것이다.

종결어미 '-으까'는 '먹었으까', '갔으까', '먹었댓으까', '갔댓으까' 등에서처럼 '-았/었-', '-댓-' 등의 선어말어미와 연결되어 쓰이기도 한다. 단, 선어말어미 중에서 '-갰-'과 같이 주관적 의지를 나타내는 어미에는 연결되지 않는다. 이는 어미 '-으까'가 가지고 있는 추측의 의미 기능에 기인하는 것으로 보인다.

이상에서 이 지역어의 의문형 종결어미를 존대, 평대, 하대로 나누어 살펴보았다. 이를 정리해 보면 다음과 같다.

∘ 존대: 음두/습두, 음까/습까, 읍덤두/습덤두, 음다/습다
∘ 평대: 우/소, 읍데/습데, 으라우/라우
∘ 하대: 나, 니, 데, 아래/어래, 으까

3.1.3. 청유형 어미

이 지역어에서 청유문을 만드는 종결어미에는 '기쇼/깁소', '기우', '자', '으꿰/스꿰' 등이 있다.

3.1.3.1. 존대

존대를 표현하는 청유형 종결어미에는 '깁소'와 '기쇼'가 있다.

1) '깁소'

(20) 이 바지 너무 솔아서 늘구<u>깁소</u>. (이 바지 너무 좁아서 늘립시다.)
이 차에다 좀 마이 싫<u>깁소</u>[실낍쏘].[69] (이 차에 좀 많이 실읍시다.)
이번에느 내 쫌 가<u>깁소</u>. (이번에는 제가 좀 갑시다.)
방학에는 놀<u>깁소</u>. (방학에는 놉시다.)

'깁소'는 동사 어간에만 연결된다. 형용사, 계사, 존재사 어간

---

69) '싫깁소'는 '싣'이 '싫'로 재구조화되었다가 다시 어미 '깁소'와 연결된 것으로 실제 발음에서는 [실낍쏘]로 실현된다. 더 자세한 사항은 곽충구(1994)를 참조.

에는 연결되지 않는다. '-깁소'는 화자와 청자를 포함한 복수의 공동 행위를 요구하는 청유의 의미로 쓰인다. 또한 '이번에느 내 쫌 가깁소'에서처럼 청자와 화자를 포함한 복수의 공동 행위를 요구하는 것이 아니라 화자 자신의 행위요구만을 나타내기도 한다.

'-깁소'는 노인층 사이에서 주로 쓰이며 젊은 층 사이에서는 거의 쓰이지 않는다. 또한 다른 선어말어미와 연결되어 쓰이는 일도 없다. '-깁소'와 아래에 기술하게 될 '-기쇼'는 모두 화자와 청자를 포함한 복수의 공동 행위를 요구하지만 사용층이 다르다.

2) '-기쇼'

(21) 이거 우리 같이 <u>볿기쇼</u>[봅끼쇼]. (이걸 우리 같이 밟읍시다.)
여기다 끔으 같이 <u>끗기쇼</u>. (여기에다 금을 같이 그읍시다.)
야르 같이 재래우<u>기쇼</u>. (이 애를 같이 키웁시다.)

'-기쇼'도 '-깁소'와 마찬가지로 동사 어간에만 연결되며 화자와 청자를 포함한 복수의 공동행위를 요구한다. '-깁소'는 주로 중년층을 포함한 그 이상의 세대에서 쓰이고 '-기쇼'는 중년층 이하에서 쓰인다. 이 '-기쇼'는 '-기오(우)'에 '-시-'가 삽입된 것으로 최근에 생긴 어미라고 할 수 있고 전통적인 함북 방언은 아니다.

3.1.3.2. 평대

1) '-으꿰/스꿰'

(22) ㄱ. 파이난 데르 깁<u>으꿰</u>. (구멍 난 곳을 깁게나.)

사 찌그리지 말구 좀 웃<u>으꿰</u>. (얼굴 찌푸리지 말고 좀
웃게나.)
나 더 먹기 전에 아르 빨리 낳<u>으꿰</u>. (나이를 더 먹기 전
에 애를 빨리 낳게나.)
차에다가 날래 싫<u>으꿰</u>. (차에 어서 싣게나.)

ㄴ. 바늘에다 실으 좀 <u>꿰(HL)꿰</u>. (바늘에 실을 좀 끼게나.)
책으 그마이 보구 좀 <u>자(HL)꿰</u>. (책을 그만 보고 좀 자
게나.)
어저느 그마이 <u>우(HL)꿰</u>. (이제는 그만 울게나.)

ㄷ. 파이난 데르 깁<u>스꿰</u>. (구멍 난 곳을 깁게나.)
사 찌그리지 말구 좀 웃<u>스꿰</u>. (얼굴 찌푸리지 말고 좀
웃게나.)
나 더 먹기 전에 아르 빨리 낳<u>스꿰</u>. (나이를 더 먹기 전
에 애를 빨리 낳게나.)
차에다 날래 싫<u>스꿰</u>[실쓰꿰]. (차에 어서 싣게나.)

예문 (22ㄱ, ㄷ)은 'ㄹ'을 제외한 자음 말음 동사, (22ㄴ)은 'ㄹ'
말음과 모음 말음 동사 어간에 연결된 것이다. 'ㄹ' 말음 동사 어
간에 연결될 경우에는 우선 어간말 'ㄹ' 탈락을 경험한다. 모음으
로 끝나는 동사 어간에 연결될 경우에는 어미초 '으'가 어간말 모
음에 완전순행동화된다. 이 어미는 선어말어미와 연결되어 쓰이지
않으며 화자와 청자를 포함한 복수의 공동 행위를 요구하는 것이
아니라 청자의 참여만을 요구한다.

이 어미는 노인층이나 젊은 층 모두에서 쓰이며 화자가 청자보
다 나이가 많을지라도 청자를 대우해 주어야 할 상황에서 쓰인다.
예컨대 서열이 같은 시누이와 올케 사이에서도 시누이가 올케한테
써야 하며 서열이 같은 상황에서 화자가 청자보다 나이가 많을지
라도 나이가 어린 청자를 대우해 주어야 할 상황에 쓰인다.

이 밖에 예문 (22ㄷ)에서 보듯이 어간 말음이 'ㄹ'을 제외한 자음으로 끝나는 경우에는 '-으꿰'가 아닌 '-스꿰'가 연결되는 경우도 있는데 '-스꿰'가 불완전 분포 어미임을 시사해 준다. 정승철(2002:205)에서 지적했듯이 완전 분포 어미란 선행하는 요소의 음운론적 부류에 따른 출현 제약을 보이지 않는 어미를 가리키며 불완전 분포 어미란 선행 요소의 음운론적 부류에 따른 출현 제약을 보이는 어미를 가리킨다. 이렇게 보면 이 지역어의 '-으꿰'는 완전 분포 어미이고 '-스꿰'는 불완전 분포 어미가 된다. 따라서 '-으꿰/스꿰'에서 '-으꿰'가 사용 환경을 확대한 것으로 보인다.

  2) '-기우'

(23) 날랑 젋소[걸쏘], 같이 가<u>기우</u>. (천천히 걷소, 같이 갑시다.)
    아 무겁아서 팔이 아플께우. 내 좀 안<u>기우</u>[안끼우]. (애가 무
    거워서 팔이 아플 거요, 내가 좀 안읍시다.)
    날씨두 좋운데 날랑 젋<u>기우</u>[걸끼우].70) (날씨도 좋은데 천천
    히 걸읍시다.)

예문 (23)에서 보둣 '-기우'는 동사 어간에만 연결된다. 첫 번째, 세 번째 예문에서 '-기우'는 화자와 청자를 포함한 복수의 공동행위를 요구하고 두 번째 예문에서는 청자를 포함하지 않은 화자 자신에 대한 청유이다. '-기우'는 노인층에서도 남성 화자들이 주로 쓰며 노인층 여자 사이, 노인층 이하에서는 성별에 관계없이 잘 쓰이지 않는다.

---

70) '걸기우'는 '걷'이 '젋-'로 재구조화되었다가 다시 '기우'와 연결된 것으로 실제 발음에서는 [걸끼우]로 실현된다.

3) '-기요'

> (24) 날랑 겂소[걸쏘], 같이 가<u>기요</u>. (천천히 걷소, 같이 갑시다.)
> 아 무겁아서 팔이 아플게우. 내 좀 안<u>기요</u>[안끼요]. (애가 무
> 거워서 팔이 아플 거요, 내가 좀 안읍시다.)

'-기요'도 '-기우'와 마찬가지로 동사 어간에만 연결된다. 위의 예문 (23)에 쓰인 '-기우'가 노인층 남성 화자 사이에서 쓰이는 어미라면 '-기요'는 노인층 여성 화자, 노인층 이하에서 성별에 관계없이 비교적 잘 쓰이는 어미이다. '-기요'의 의미기능은 '-기우'와 같다.

3.1.3.3. 하대

하대의 청유형 어미로는 '-자'가 있다.

> (25) 호분자 먹지 말구 같이 농가 먹<u>자</u>. (혼자 먹지 말고 같이 나
> 누어 먹자.)
> 많애서 같이 헤<u>자</u>. (너무 많아서 같이 세자.)

예문 (25)에서 보듯 '-자'는 동사 어간에만 연결되며 화자와 청자를 포함한 복수의 공동행위를 요구한다.

이상에서 이 지역어의 청유형 종결어미에 대해 존대, 평대, 하대로 나누어 살펴보았다. 이 지역어에서 확인된 청유형 종결어미들을 정리해 보면 다음과 같다.

∘ 존대: - 깁소, - 기쇼
∘ 평대: - 으꿰/스꿰, - 기우, - 기요
∘ 하대: - 자

3.1.4. 명령형어미

이 지역어에는 '- 읍소', '- 으쇼/쇼(시오)', '- 오(우)/소', '- 라'
등과 같은 명령형 종결어미가 있다.

3.1.4.1. 존대

1) '- 읍소'

(26) 네리느 일찌가이 옵(ﾆ)소. (내일은 일찌감치 오십시오.)
     저 신으 신읍소. (저 신을 신으십시오.)
     남에 말으 좀 들읍소. (다른 사람 말을 좀 들으십시오.)

'- 읍소'는 예문 (26)에서 보듯 동사 어간에만 연결된다. 모음으
로 끝나는 어간에 연결될 경우 어미초 '으'가 어간말 모음에 완전
순행동화된다.

어미 '- 읍소'는 표준어의 영향을 받은 젊은 층에서는 거의 쓰지
않으며 일반적으로 노인층 사이에서 쓰인다. 같은 시골 마을에 사
는 주민들끼리는 젊은 층에서도 어미 '- 읍소'를 쓰는 것이 일반적
이나 기타 도시에 거주하는 젊은 층은 이 어미를 거의 사용하지 않
는 것으로 조사되었다.

이 어미는 선어말어미들과 연결되어 쓰이지 않는다.

2) '-으쇼'

(27) 야르 업으쇼. (얘를 업으시오.)
    담배르 바깥에 나가서 피우(ㅠ)쇼. (밖에 나가서 담배를 피
    우시오.)

예문 (27)에서 보듯 '-으쇼'는 동사 어간에만 연결된다. 모음으로 끝나는 어간에 연결될 경우 어미초 '으'가 어간말 모음에 완전 순행동화된다.

이 어미는 선어말어미와 연결되어 쓰지 않으며 일반적으로 노인층을 제외한 기타 층에서 많이 쓰인다.[71]

3.1.4.2. 평대

평대의 명령형 어미로는 '-우/소'가 있다.

(28) 요거마 마이우. (이것만 마시오.)
    태우지 말구 날랑 굽소. (태우지 말고 천천히 구우시오.)

예문 (28)에서 보듯 '-우/소'는 동사 어간에만 연결되며 모음으로 끝나는 어간에는 '-우', 자음으로 끝나는 어간에는 '-소'가 연결된다. 이 어미는 선어말어미와 연결되어 쓰이지 않는다. 이 어미

---

71) 다음 제보자의 진술이 참조된다. "이런 거는 옛날에느 아이 말했소, 지금 이렇게 말하지. 우리사 다 어찝쏘 어찝쏘 이랬지무." 이 어미는 표준어가 생긴 후 나타난 어미인 만큼 노인층에서는 잘 쓰지 않는다.

는 용법이 특이하다. 위에서 기술한 평대 어미들과 마찬가지로 시아버지가 며느리한테, 어머니가 장가간 아들한테 쓴다. 또한 서열이 같은 경우, 화자가 청자보다 나이가 어려도 쓸 수 있으며 특히 나이가 많은 청자도 화자에게 쓴다. 친숙하지 않은 사람끼리의 대화에서도 자주 쓰인다.

3.1.4.3. 하대

하대의 명령형 어미로는 '-아(어)라/라'가 있다.

> (29) 머리르 곱게 빗어라. (머리를 곱게 빗어라.)
> 　　 나르 시기지 말구 니 헤라. (나를 시키지 말고 네가 세라.)

'-아(어)라/라'는 예문 (29)에서 보듯 동사 어간에만 연결된다. 자음으로 끝나는 어간에는 '-아(어)라'가 연결되고 모음으로 끝나는 어간에는 '-라'가 연결된다.[72)

이 어미의 이형태로 볼 수 있는 '-나라'는 아래의 예문 (30)에서 보듯 '오-'를 구성요소로 하는 동사를 제외하면 다른 동사에는 연결되지 않는다.

> (30) 이령아, 여기 오나라. (이령아, 여기 오너라.)
> (31) 가르 호분자 가래라. (그 애더러 혼자 가라 해라.)
> 　　 마이 먹어래라. (많이 먹어라 해라.)
> 　　 가르 호분자 오래라. (그 애더러 혼자 오라 해라.)
> 　　 글씨르 써래라. (글씨를 쓰라 해라.)

---

72) '-아/어'의 선택은 어간말 모음의 영향을 받는데 이에 대해서는 4장에서 후술하기로 한다.

이 어미는 예문 (31)에서와 같이 인용의 의미를 나타내는 '-래'
와 연결되어 전달의 명령을 나타내는 '-아(어)래라/래라'로 되었다.
자음으로 끝나는 어간에는 '-어(아)래라'가 연결되고 모음으로 끝
나는 어간에는 '-래라'가 연결된다. '가래라'는 '가-'에 '-아래
라'가 연결되어 '가아래라'→'가래라'로 된 것인데 동일모음탈락으
로 볼 수 있다. '쓰래라'는 '쓰-'에 '-어래라'가 연결된 것인데
어간말 모음 '으'가 탈락한 것으로 볼 수 있다.

이상에서 이 지역어의 명령형 종결어미에 대해 알아보았다. 이를
정리해 보면 다음과 같다.

○ 존대: -읍소, -으쇼
○ 평대: -우/소
○ 하대: -아(어)라/라, -나라, -아(어)래라/래라

3.1.5. 소결

이 절에서는 이 지역어의 종결어미에 대해 우선 평서형, 의문형,
청유형, 명령형 등으로 나누고 이들을 다시 존대, 평대, 하대로 나
누어 그 목록과 용법에 대해 살펴보았다. 이 지역어의 종결어미의
특징은 다음과 같다.

우선 대우법 등급이 종결어미의 형태에 반영되어 있다.

둘째, 종결어미의 사용이 화자 계층의 영향을 많이 받는다. 예컨
대 노인층과 젊은 층에서 따로 쓰는 어미들이 존재한다는 점, 시아

버지가 며느리에게, 어머니가 장가간 아들을 대우하여 평대의 종결
어미가 두루 쓰인다는 점에서 특이하다고 할 수 있겠다.

셋째, 평서형과 의문형 종결어미의 형태가 같은 경우 억양으로
그 차이가 구별된다.

3.2. 연결어미

접속에 의하여 문장과 문장이 이어질 때 다양한 연결어미가 사용
되는데 선행절이 후행절에 대등적으로 이어질 수도 있고 종속적으
로 이어질 수도 있다. 대등적으로 이어지는 것을 대등 접속이라 하
고 종속적으로 이어지는 것을 종속 접속이라고 한다(임홍빈 외,
2003). 따라서 이 절에서는 이 지역어의 연결어미를 대등 접속과 종
속 접속으로 나누고 그 목록과 용법을 중심으로 살펴보고자 한다.[73]

3.2.1. 대등 접속연결어미

대등 접속연결어미는 크게 나열, 대조, 선택의 의미 범주로 나뉜다.

3.2.1.1. 나열

나열을 나타내는 연결어미에는 '－구', '－으메/메', '－으멘서/멘
서'가 있다.

---

[73] 본고의 목적이 이 지역어 연결어미들의 목록과 그 용법을 확인하는 데 있으므로 연결어미들
의 체계와 분류에 대한 논의는 임홍빈 외(2003)와 이기갑(2003)에 미루어 두기로 한다.

1) '-구'

 (32) ㄱ. 밥우 먹구 나래 가라. (밥을 먹고 나중에 가라.)
     아르 재와 놓구 나가우. (애를 재워 놓고 나가오.)
     아두 바주구 때시걱두 해주구 얼매나 좋니? (애도 봐 주
     고 끼니도 해 주고 얼마나 좋니?)
     어제느 아재 왔구 오늘으느 맏아매 왔습데다. (어제는
     이모 왔고 오늘은 고모 왔데요.)
   ㄴ. 에미는 곱구 애비는 못생겠다. (엄마는 예쁘고 아빠는
     못생겼다.)
     한나는 제 또래보다 키 크구 한나는 키 작구, 한 에미
     난 자식이래두 다릅데. (하나는 자기 또래보다 키가 크
     고, 다른 하나는 키가 작고, 한 엄마가 낳은 자식이라도
     다르던데요.)
     이런 거느 헗구 저렇게 농약으 아이 치메 하는 게 바뿌다.
     (이런 것은 쉽고 저렇게 농약을 사용하지 않는 것이 어렵다.)

위의 예문 (32ㄱ), (32ㄴ)에서 보듯 '-구'는 동사 또는 형용사의 어간에 연결되어 나열을 나타낸다. 구체적으로 나열은 선후 순서를 나타내기도 하고 '구'에 의해 연결된 두 문장을 같은 자격으로 이어 주기도 한다. 동사의 경우 선어말어미와 연결되어 사용되기도 하나 형용사의 경우에는 선어말어미와 연결한 형태가 잘 쓰이지 않았다.

(32ㄱ)의 예문들은 연결어미 '-구'가 모두 동사에 연결된 경우이다. 예문에서 보다시피 연결어미 '구'는 과거시제 어미와도 연결할 수 있다. '-구'가 하나 쓰이면 선후순서를 나타내는 것이 일반적이고 '-구'가 둘 이상 쓰이면 나열을 나타내는 것이 일반적인 용법이다.74) '-구'가 나열을 나타낼 때 '-구'에 의해 연결된 앞뒤

문장의 구조가 같음을 확인할 수 있다.

　(32ㄴ)의 예문들은 연결어미 '－구'가 형용사에 연결된 경우이다. 형용사에 연결될 경우에는 선후순서를 나타내지 않고 나열만 나타낸다.

　2) '－으메/메'

　나열을 나타내는 연결어미 '－으메/메'는 동사 또는 형용사의 어간에 연결된다.

　　　(33) ㄱ. 울메 난시더라. (울며 난리더라.)
　　　　　　　먹으메 말메 하메서리 먹기느 다 먹는다. (먹으며 말며
　　　　　　　하면서 먹기는 다 먹는다.)
　　　　　　　밥마 먹지 말구 햄으두 먹으메 장물두 마시메 먹어라.
　　　　　　　(밥만 먹지 말고 반찬도 먹으며, 국도 마시며 먹어라.)
　　　　　ㄴ. 칩으메 덥으메 하다가 감기 걸리지. (추우며 더우며 하
　　　　　　　다가 감기 걸리지.)
　　　　　ㄷ. 곪우메 아푸다. (곪으며 아프다.)

　예문 (33ㄱ)은 동사, (33ㄴ)은 형용사 어간에 연결된 것이다. 'ㄹ'을 제외한 자음으로 끝나는 어간에는 '－으메'가 연결되고 'ㄹ' 말음 어간과 모음으로 끝나는 어간에는 '－메'가 연결된다. 예문 (33ㄱ)에서 보다시피 연결어미 '－으메/메'는 동사의 어간에 각각 나란히 연결되어 행위의 나열을 나타낸다. (33ㄷ)에서의 '으>우'의 변화는 수의적 음운변화인데 자음에 의한 원순모음화로 양순음의 영향을 받아 모음 '으'가 '우'로 바뀌는 변화이다.[75]

---

74) '－구'가 선후순서를 나타내는 경우에 대해서는 아래 '선행'의 연결어미를 기술하는 부분에서 자세히 설명하도록 할 것이다.

(2) ㄹ. 아무래두 하<u>메</u> 무슨 말이 그리두 많니? (어차피 하면서
　　　무슨 말이 그리도 많니?)
　　　차에 가<u>메</u> 먹으라구. (차에 가면서 먹으라고.)
　　　밥으 먹<u>으메</u> 땐스르 본다. (밥을 먹으며 텔레비전을 본다.)

예문 (33ㄱ)과 (33ㄴ)에서처럼 '－으메/메'가 두 개 이상의 동사 어간에 연결되면 나열을 나타낸다. 하지만 예문 (33ㄹ)에서처럼 '－으메/메'가 하나의 동사 어간에 연결될 경우에는 뒤의 행위와 동시에 진행됨을 나타낸다. 형용사 어간에 연결될 경우에는 '－으메/메'가 중첩되는 것이 보통이다.

3) '－으멘서/멘서'

나열이나 동시진행을 나타내는 연결어미에는 '－으멘서/멘서'도 있다. '－으멘서/멘서'는 연결 환경이 '－메'와 같다고 할 수 있다. 동사 어간에 연결될 경우 '－으멘서/멘서'는 나열을 타내는 동시에 행위의 선후순서도 나타낸다. 형용사 어간에 연결될 경우에는 단순 나열을 나타낸다.

(34) ㄱ. <u>울멘서</u> 말하는 거 들으이 벨낳더라. (울면서 말하는 걸
　　　들으니 맘이 이상하더라.)
　　　책으 <u>보멘서</u> 말해 봅(ㅠ)소. (책을 보면서 말해 보세요.)
　　　서답으 싳<u>으멘서</u> 거르만[76]에서 잔돈으 못 밨슴까? (빨
　　　래를 씻으면서 주머니에서 잔돈을 못 봤습니까?)
　　　우티르 입우<u>멘서</u> 나간다. (옷을 입으면서 나간다.)

---

75) 자세한 설명은 이병근(1970, 1976) 참조.
76) '거르만'은 러시아어 차용어이다.

ㄴ. 실하멘서 자꾸 먹는다. (뚱뚱히먼시도 자꾸 먹는다.)
   칩으멘서 아이 칩다구 말함(īī.)다. (추우면서 춥지 않
   다고 말합니다.)

예문 (34ㄱ)은 동사, (34ㄴ)은 형용사 어간에 연결된 것이다. '-
멘서'는 '-면서'가 단모음화되어 '-멘서'의 형태로 된 것이다. 이
중모음 'ㅕ'가 단모음 'ㅔ'로 되는 것은 어미에서뿐 아니라 '메누
리(며느리)' 등에서처럼 단어 내부에서도 실현되는 현상으로 이 지
역어에서 자주 일어나는 음운변화의 한 유형이다. 나열을 나타낸다
는 점에서는 '-멘서'와 '-메'가 거의 비슷한 의미기능을 한다고
볼 수 있다.

(34) ㄷ. 베이 낫으멘서 낯색이 좋와졌다. (병이 나으면서 혈색이
       좋아졌다.)
       가멘서 시림이 아이 놓이겠지. (가면서 맘이 놓이지 않겠지.)
       도이 데는 거 보멘서 사자. (돈이 되는 걸 보면서 사자.)

예문 (34ㄷ)은 '-으멘서/멘서'가 나열과 함께 선후순서도 나타내
는 의미기능을 가지고 있는 예들이다. 일반적인 나열을 나타내는
'-으멘서/멘서'에 의해 연결된 전후 두 문장은 그 순서를 바꾸어
도 전체의 의미에 영향을 주지 않지만 선후순서를 나타내는 '-멘
서'에 의해 연결된 문장들은 나열을 나타낸다 해도 그 순서를 바꾸
어 쓸 수 없으며 순서를 바꾸게 되면 전혀 다른 의미의 문장이 된다.

3.2.1.2. 대조

대조의 의미 기능을 나타내는 연결어미에는 '-은데/는데', '-디(지)마느', '-으나/나' 등이 있다.

1) '-은/는데'

(35) ㄱ. 내 가자 하는데 니 멘바르 왔다. (내가 가려고 하던 참이었는데 너 마침 잘 왔다.)
　　　밥으느 잘 먹는데 우유르 아이 먹는다. (밥은 잘 먹는데 우유를 먹지 않는다.)
　　　남들으 다 노는데 우리마 아이 노(꜒꜖)꾸마. (남들은 다 노는데 우리만 안 놀아요.)
　　　젊었을 때느 농사르 젔는데 어저느 늙어서 못 짓는다. (젊었을 때는 농사를 지었는데 지금은 늙어서 못 짓는다.)
　　　젊었을 때느 농사르 젔댓는데 어저느 늙어서 못 짓는다. (젊었을 때는 농사를 지었었는데 지금은 늙어서 못 짓는다.)
　　　너메 가겠는데 아즉으느 버스 없다. (너머에 가겠는데 아직은 버스가 없다.)
　　ㄴ. 생긴거느 곱운데/곱는데 키 작다. (생긴 것은 예쁜데 키가 작다.)
　　　골으느 좋운데/좋는데 노력으 아이 한다. (머리는 총명한데 노력을 하지 않는다.)
　　　키느 큰데 지내 실하다. (키는 큰데 너무 뚱뚱하다.)
　　　새기 때느 실했는데 아르 낳구나이 살이 빠짚(꜒꜖)데. (처녀 때는 뚱뚱했는데 애를 낳고 나니 살이 빠지데.)
　　ㄷ. 거기 원래느 소학곤데 지금으느 다 마사졌다. (거기가 원래는 초등학교인데 지금은 다 무너졌다.)
　　　아덜이 아인데 자꾸 옳다구 하(꜒꜖)꾸마. (아들이 아닌데 자꾸 옳다고 합니다.)
　　　고일인데 쌍발 감(꜒꜖)두? (휴일인데 출근합니까?)
　　ㄹ. 있는데 (있는데)

없는데 (없는데)

　예문 (35ㄱ)은 동사, (35ㄴ)은 형용사, (35ㄷ)은 계사, (35ㄹ)은 존재사 어간에 연결된 경우이다. 예문 (35ㄱ)에서 동사 어간에는 ‘－는데’가 연결되었다. 동사 어간에 연결될 경우 음운론적 환경의 영향을 받지 않으며 ‘－았／었－’, ‘－댓－’, ‘－겠－’ 등의 선어말 어미 뒤에도 연결되어 쓰인다.

　예문 (35ㄴ)에서 형용사 어간에는 ‘－은데’, ‘－는데’가 연결되었다. 이처럼 형용사 어간에 ‘－는데’도 연결될 수 있는 특징은 이 지역어뿐 아니라 경상북도 방언에서도 나타나고 있다. 최명옥 (1980:111)에서 지적하다시피 어미 선택의 단순화를 보이기도 한다. 형용사 어간에 연결될 경우, ‘ㄹ’을 제외한 자음으로 끝나는 어간에는 ‘－은데’가 연결되고 ‘ㄹ’ 자음과 모음으로 끝나는 어간에는 ‘－ㄴ데’가 연결된다.

　예문 (35ㄷ)은 계사 어간에 연결된 것이고 예문 (35ㄹ)에서는 ‘－는데’가 존재사 어간에 연결되었다.

　이 어미는 설명적인 선행문을 후행문으로 전환시키는 데 사용된다(최명옥, 1980:111).

　2) ‘－디(지)마느’

　대조의 의미를 나타내는 연결어미에는 ‘－는데’와 비슷한 ‘디마느/지마느’가 있다. 화자에 따라서 구개음화가 실현된 ‘－지마느’로 발음하는 경우와 구개음화를 겪지 않은 ‘－디마느’로 발음하는 경우로 나눌 수 있다.[77] 이는 이 지역어에서 구개음화가 진행 중에 있는 음운변화과정이라는 것을 잘 설명해 준다.[78]

(36) ㄱ. 먹기느 먹<u>지마느</u> 마이 아이 먹소. (먹기는 먹지만 많이 안 먹소.)
  너메 가<u>지마느</u> 살 거느 없소. (너머에 가지만 살 것은 없소.)
  방학으 했<u>디마느</u> 거기서 일하거라구 집에 아이 오우. (방학은 했지만 거기서 일하느라고 집에 안 오오.)
  작년에느 여기다 코오 싱궜<u>지마느</u> 올해느 아이 싱궜습구마. (작년에는 여기에다 콩을 심었지만 올해는 심지 않았어요.)
  아무 때나 놀라가갰<u>지마느</u> 이번에느 갈 거 같재이우. (아무 때나 놀러 가겠지만 이번에는 갈 것 같지 못하오.)
  내 거기 갔댓<u>지마느</u> 또 가갰소. (내가 거기에 갔었지만 또 가겠소.)

ㄴ. 곱<u>지마느</u> 지내 비싸우. (곱지만 너무 비싸오.)
  겉을르 보기에느 헗<u>지마느</u> 속으느 못 되오. (겉으로 보기에는 쉽지만 속은 쉽지 않소.)
  키 크<u>지마느</u> 아직두 더 자라사 데우. (키 크지만 아직도 더 자라야 되오.)
  이 우티 낡았<u>디마느</u> 집에서 막 입기느 좋소. (이 옷이 낡았지만 집에서 입기에는 좋소.)
  이 집으느 오래댓<u>디마느</u> 살기느 갠채이쏘. (이 집은 오래됐지만 살기에는 괜찮소.)
  도이 많<u>지마느</u> 아덜이 다 공부를 못하우. (돈은 많지만 자식들이 다 공부를 못하오.)

ㄷ. 다 같은 자석이<u>디마느</u> 그래두 둘째 제일이요. (다 같은 자식이지만 그래도 둘째가 제일이요.)
  시장이사 흔한 게 입팝이<u>디마느</u> 옛날에느 옥시밥두 먹

기 바빴소. (지금이야 흔한 것이 입쌀밥이지만 옛날에는
옥수수밥도 먹기 어려웠소.)
내 도이 아이<u>디마느</u> 먼저 쓰우. (내 돈이 아니지만 먼저
쓰오.)

ㄹ. 자석이 있<u>지마느</u> 다 큰 시내에 사우. (자식이 있지만 다
대도시에 사오.)
아덜이 없<u>지마느</u> 불부재우. (아들이 없지만 부럽지 않소)

예문 (36ㄱ)은 동사, (36ㄴ)은 형용사, (36ㄷ)은 계사, (36ㄹ)은
존재사 어간에 연결된 것이다.

'–디(지)마느'에 의해 연결된 앞뒤 문장에서 행위나 상태가 대조
되는 것이 아니라 그러한 행위나 상태에 대한 화자의 인식이 대조
되는 것이라고 할 수 있다.[79] 이 점에서 대조의 의미를 직접적으로
표현하는 '는데'와 구별된다고 할 수 있겠다. 이 어미도 '–았/었
–/', '–댓–', '–겠–' 등의 선어말어미와 연결되어 쓰인다.

3) '–으나/나'

대조의 의미를 나타내는 연결어미 '–으나'는 구어에서 거의 쓰
이지 않고 주로 문어나 공식적인 상황에서만 쓰인다.[80]

(37) ㄱ. 아재네 집으 갔<u>으나</u> 누기두 없습데다. (이모네 집에 갔
으나 아무도 없던데요.)
그 집에 갔댓<u>으나</u> 누기두 없습데다. (그 집에 갔었으나

---

79) 임홍빈 외(2003) 참조.

80) 대조의 의미를 나타낼 경우 구어에서는 '–으나'보다는 '–는데'를 쓰는 것이 일반이다. 한
편 최명옥(1980:117)에서 지적하다시피 동남방언에서는 '–으나/나'가 '無選擇'을 표
시한다.

누구도 없던데요.)

가기는 가겠<u>으나</u> 언제 갈지는 모른다. (가기는 가겠으나
언제 갈지는 모른다.)

ㄴ. 얼굴은 곱<u>으나</u> 체격이 밉다. (얼굴은 예쁘나 몸매가 밉다.)
키느 크<u>나</u> 못생겠다. (키는 크나 못생겼다.)
옛날에느 곱았<u>으나</u> 마이 밉어졌다. (옛날에는 예뻤으나
많이 미워졌다.)
옛날에느 곱았댓<u>으나</u> 마이 밉어졌다. (옛날에는 예뻤었
으나 많이 미워졌다.)

ㄷ. 도이 있<u>으나</u> 시가이 없다. (돈이 있으나 시간이 없다.)
도이 없<u>으나</u> 시가이 있다. (돈이 없으나 시간이 있다.)

예문 (6ㄱ)은 선어말어미 뒤, (6ㄴ)은 형용사, (6ㄷ)은 존재사 어
간에 연결된 것이다. 예문 (6ㄱ)에서처럼 또한 동사나 어간에 직접
연결되지 않고 선어말어미와 연결된 후에 다시 연결되어 쓰인다.
동사 어간에 직접 연결되면 대조의 의미를 나타내는 것이 아니라
선택의 의미를 나타내게 된다. 계사 어간에 연결된 용례는 확인할
수 없었다.

3.2.1.3. 선택

선택의 의미를 나타내는 연결어미에는 '-거나', '-등지', '-등
가' 등이 있다.

1) '-거나'

'-거나'는 용언 어간에 연결되어 둘 또는 그 이상의 행위 중에
서 임의로 한 가지를 선택할 때 쓰인다.

(38) ㄱ. 집에서 자거나 맘댈르 해라. (집에서 자거나 맘대로 해라.)
　　　 무섭우무 눈으 깜거나[깜꺼나] 해라. (무서우면 눈을 감
　　　 거나 해라.)
　　　 아르 데리구 놀거나 해라. (애를 데리고 놀거나 해라.)
　　　 아침에 늦게 일어났거나 밥으 늦게 먹었길래 지각했겠지.
　　　 (아침에 늦게 일어났거나 밥을 늦게 먹었기에 지각했겠지.)
　　 ㄴ. 아 깝짜르거나 눈떼기가 뻘개 나능거 보무 인차 알긴다.
　　　 (애가 망설이거나 눈두덩이 뻘겋게 되는 걸 보면 금방 알
　　　 게 된다.)
　　　 지내 기차거나 놀랄 때 말이 아이 나오지. (너무 기가
　　　 막히거나 놀랄 때 말이 안 나오지.)
　　　 밥이 너무 데거나 너무 눅어두 아이 뎀다. (밥이 너무
　　　 딱딱하거나 너무 질어도 안 됩니다.)
　　　 도이 모즈라거나 어디 아푸무 집에 인차 기벨으 여라.
　　　 (돈이 모자라거나 어디 아프면 집에 금방 연락해.)
　　　 지내 칩았거나 지내 덥았거나 했길래 감기 걸렸지. (너
　　　 무 추웠거나 너무 더웠거나 했기에 감기 걸렸지.)
　　 ㄷ. 북경이거나 상해거나 아무데나 가무 덴다. (북경이거나
　　　 상해거나 아무 데나 가면 된다.)
　　　 니거나 니 아이거나 상과이 없다. (너거나 너 아니거나
　　　 상관이 없다.)
　　 ㄹ. 있거나 없거나 (있거나 없거나)

　예문 (38ㄱ)은 동사, (38ㄴ)은 형용사, (38ㄷ)은 계사, (38ㄹ)은
존재사 어간에 연결된 것이다. 이 어미는 '-았/었-', '-댓-'
등의 선어말어미와 연결되어 쓰인다. 단, "*내가 가겠거나 니가 오
겠거나 다 같다(내가 가거나 니가 오거나 다 같다)"처럼 미래시제
나 의지를 나타내는 '-겠-'과는 연결되어 쓰이지 못한다. '-거
나'가 과거시제를 나타내는 선어말어미와는 연결되어 쓰이지만 '-겠
-(겠)'과는 연결되어 쓰이지 못한다는 것을 알 수 있다. '-거나'

가 나타내는 문법적 의미 '선택'은 그 자체가 주관적 의지를 나타
내기 때문에 '-겠-(겠)'이 가지고 있는 '주관적 의지'라는 문법적
의미와 충돌된다. 두 어미가 가지고 있는 공통적 의미가 바로 이
두 어미를 연결하여 쓸 수 없는 원인이라고 판단된다.

  2) '-등지'

  선택의 의미를 나타내는 연결어미 '-등지'는 용언의 어간이나
'이다, 아니다' 어간에 연결된다.

    (39) ㄱ. 내 삐치등지 그래채이무 직접 하등지 해야지. (내가 참
           견하든지 그렇지 않으면 직접 하든지 해야지.)
           바오래길르 동제매등지 농끈을르 동제매등지 해라. (굵
           은 끈으로 묶든지 그냥 끈으로 묶든지 해라.)
           떡으 먹등지 국씨르 먹등지 아무거나 니 맘밸르 먹어라.
           (떡을 먹든지 국수를 먹든지 아무것이나 너 맘대로 먹어라.)
           늘그막에 딸집으 가등지 양로원으 가등지 해야지. (늘그
           막에 딸네 집에 가든지 양로원에 가든지 해야지.)
           두 시에 왔등지 세 시에 왔등지 모르겠다. (2시에 왔든
           지 3시에 왔든지 모르겠다.)
           갔댓등지 아이 갔댓등지 모르겠다. (갔었든지 안 갔었든
           지 모르겠다.)
        ㄴ. 곱등지 밉등지 생객히우재인다. (곱든지 밉든지 생각이
           나지 않는다.)
           키 크등지 아이 크등지 생객히우재인다. (키가 크든지
           크지 않든지 생각이 나지 않는다.)
           아팠등지 어쨌등지 모르겠다. (아팠든지 어쨌든지 모르겠다.)
           아팠댓등지 어쨌등지 모르겠다. (아팠었든지 어쨌든지
           모르겠다.)
        ㄷ. 출납이등지 헤게등지 잊어뿌렸다. (경리든지 회계사든지

까먹었다.)

선새등지 아이<u>등지</u> 잊어뿌렀다. (선생이든지 아니든지
까먹었다.)

ㄹ. 자석이 있<u>등지</u> 없<u>등지</u> 상과이 없다. (자식이 있든지 없
든지 관계없다.)

예문 (39ㄱ)은 동사, (39ㄴ)은 형용사, (39ㄷ)은 계사, (39ㄹ)은
존재사 어간에 연결된 것이다.

이 어미는 '-았/었-', '-댓-' 등의 선어말어미와 연결되어 쓰
인다. 단, 이 경우에는 선택의 의미와 함께 불확실한 사실에 대한
가벼운 의문도 나타낸다.

3) '-등가'

(40) ㄱ. 한국으 나가<u>등가</u> 안짝으 들가<u>등가</u> 한다. (한국에 나가든
가 내지에 들어가든가 한다.)
잔체르 음력설에 하<u>등가</u> 5.1절에 하<u>등가</u> 놀 때 하자.
(결혼식을 음력설에 하든가 5.1절에 하든가 놀 때 하자.)
땐스 보<u>등가</u> 자<u>등가</u> 니 맘댈르 해라. (텔레비전을 보든
가 자든가 너 맘대로 해라.)
호분자 갔<u>등가</u> 했겠지. (혼자 갔든가 했겠지.)
호분자 갔댓<u>등가</u> 했겠지. (혼자 갔었든가 했겠지.)

ㄴ. 오줌이 마랍다<u>등가</u> 하무 인차 말해라. (소변이 마렵다든
가 하면 바로 말해라.)
지내 시굴다<u>등가</u> 해두 맛이 없다. (너무 시다든가 해도
맛이 없다.)
놀랐다<u>등가</u> 해두 아이 덴다. (놀랐다든가 해도 안 된다.)
놀랐댓다<u>등가</u> 해두 아이 덴다. (놀랐었다든가 해도 안 된다.)

ㄷ. 선새<u>등가</u> 아이<u>등가</u> 상과이 없다. (선생이든가 아니든가
상관이 없다.)

ㄹ. 있<u>등가</u> 없<u>등가</u> (있든가 없든가)

예문 (40ㄱ)은 동사, (40ㄴ)은 형용사, (40ㄷ)은 계사, (40ㄹ)은 존재사 어간에 연결된 것이다. '-등가'는 형용사의 어간에 연결될 경우에는 '-다 등가'의 형태로 연결된다는 제약이 따른다. '-등가'는 구체적인 행위의 선택을 요구한다. 이 어미는 '-았/었-', '-댓-' 등의 선어말어미와 연결되어 쓰이기도 한다.

3.2.2. 종속 접속연결어미

연결어미에 의해 연결된 두 문장이 종속적 관계를 나타낼 때 그 연결어미를 종속 접속연결어미라고 한다. 종속적 연결어미의 의미 범주는 매우 다양한데, 일반적으로 배경, 원인, 조건, 결과, 양보, 선행 등으로 분류될 수 있다(임홍빈 외, 2003:179). 여기서는 이 지역어의 종속적 연결어미들의 목록을 확인하고 그들의 용법을 살펴보기로 한다.

3.2.2.1. 배경

배경의 의미를 나타내는 연결어미에는 '-는데', '-으이/이'가 있다.

1) '-는데'

(41) 아재네 잔체르 하<u>는데</u>, 우리느 부제르 얼매 해야 뎀두? (이모네 결혼을 하는데, 우리는 축의금을 얼마 해야 돼요?)

오늘 공사에서 운동대르 한다는데, 같이 귀겡[81]할라 가깁소.
(오늘 마을에서 체육회를 한다는데, 같이 구경하러 갑시다.)
내 어제 쩨끼[82]르 샀는데, 색깔이 찐해서 모입갰다. (내가
어제 조끼를 샀는데, 색상이 너무 진해서 못 입겠다.)
내 가갰는데, 시가이 델지 모르갰다. (내가 가겠는데, 시간이
될지 모르겠다.)

예문 (41)에서 보듯 '－는데'는 동사 어간에 연결되어 화자가 후
행절의 사태에 대한 시간적인 배경이나 공간적인 배경을 제시하면
서 선행절과 후행절을 연결해 주고 있다. '는데'는 동사의 어간에
직접 연결될 수도 있고 '한다는데'에서처럼 인용절 뒤에 연결될 수
도 있으며 또 '－았/었－', '－갰－', '－댓－' 등의 선어말어미 뒤
에 연결될 수도 있다.

2) '－으이'

(42) 옷으 마이 입으이 아이 칩다. (옷을 많이 입으니 춥지 않다.)
팬스 소리르 자꾸 높으게 하(HL)이 더 못 듣지. (텔레비전
볼륨을 자꾸 높게 하니 더 못 듣지.)
가찹이에 앉아서 보(HL)이 누이 싹 나빠지지. (가까이에 앉
아서 보니 시력이 떨어지지.)
집에서 노(HL)이 심심하다. (집에서 노니 심심하다.)
밥으 먹었으이 배 나왔지. (밥을 먹었으니 배가 나왔지.)
아재네두 가갰으이 손님이 지내 적두 내일 게다. (이모네도
가겠으니 손님이 너무 적지 않을 거다.)

---

81) '귀겡'은 '구경'이 변화되어 이루어진 것인데 '구'가 '귀'로 된 것은 '경'의 활음 '이'에 의해
형태소 내부에서의 움라우트를 겪은 것으로 볼 수 있고 '겡'은 이중모음 '여'의 단모음화가
일어난 것이다.
82) '쩨끼'는 '쪼끼〉쬐끼〉쩨끼'의 변화과정을 거친 것으로 형태소 내부에서의 움라우트와 이중모
음의 단모음화가 일어났다.

한 번 왔댓<u>으이</u> 잘 알 게다. (한 번 왔었으니 잘 알 거다.)

예문 (42)에서처럼 연결어미 '-으이'도 화자가 후행절의 사태나 결과에 대한 상황적 배경을 제시하면서 선행절과 후행절을 연결해 주고 있다. 자음으로 끝나는 어간에는 '-으이'가 연결된다. 모음으로 끝나는 어간의 경우에는 어미초 '으'가 어간말 모음에 완전순행동화된다. 'ㄹ' 말음 동사일 경우에는 어미와 연결하는 과정에 'ㄹ' 탈락을 경험하고 다시 완전순행동화를 겪는다. 이 어미는 '-았/었-', '-겠-', '-댓-' 등의 선어말어미들과 연결되어 쓰일 수 있다. 여기서 선어말어미 '-겠-'은 주관적 의지를 나타내고 미래 시제를 나타내는 선어말어미로서의 기능은 수행하지 못한다.

한편 중부방언의 '-으니/니'에 선어말어미 '-더-'가 연결된 형태인 '더니'는 이 지역어에서 '데이'로 실현된다. '가데?'와 같은 예문에서처럼 회상의 의미를 나타내는 '-데-'에 '-이'가 연결된 것으로 볼 수 있겠다.

3.2.2.2. 원인

이 지역어에서 원인을 나타내는 연결어미에는 '-아/어서', '-으이까/이까', '-길래', '-느라구', '-무로' 등이 있다. 화자가 후행절의 사태에 대하여 원인이 되는 사태를 선행절에서 제시할 때 쓰인다.

1) '-어/아서'

    (43) ㄱ. 비 <u>와서</u> 운동대르 채 못했소. (비가 와서 체육대회를 다
                못 했소.)
            울<u>어서</u> 누이 다 부껬슴다. (울어서 눈이 다 부었어요.)
            고장 왔다 가<u>서</u> 인차 아이 올게다. (금방 다녀가서 이내
                오지 않을 것이다.)
      ㄴ. 밉<u>아서</u>[83] 그래갰니, 곱<u>아서</u> 그래갰지. (미워서 그리 했
            갰니, 고와서 그러갰지.)
            동삼에느 칩<u>아서</u> 바같에 거의 아이 댕기지. (겨울에는
                추워서 밖에 거의 안 다니지.)
            키 지내 커<u>서</u> 베기 싫다. (키가 너무 커서 보기 싫다.)
      ㄷ. 있어서 (있어서)
            없어서 (없어서)
      ㄹ. 내 책이래서 (내 책이라서)

   예문 (43ㄱ)은 동사, (43ㄴ)은 형용사, (43ㄷ)은 존재사 어간에 연
결된 것이다. (43ㄹ)에서와 같이 계사 어간에 연결될 경우에는 인
용의 '-래'와 결합되어 쓰인다. '-어/아서'는 용언 어간 음절 구
조의 영향을 받지 않는다. 다만 '-어서'와 '-아서'의 선택에 있어
서 용언 어간말 모음의 음운론적 성격의 영향을 받을 뿐이다.[84]
'-어/아서'에 의해 연결된 선행절은 주로 후행절 사태 발생의 객
관적 원인을 나타낸다. '-어/아서'는 선어말어미 뒤에 연결되지 않
는다.

---

83) 이 지역어에서 '밉다', '곱다', '칩다'는 정칙용언이다.
84) '-아/어'의 선택에 대해서는 4장에서 서술하기로 한다.

2) ‘-으이까’

(44) ㄱ. 땐디르 맞으이까 감기 인차 낫았슴다. (링거를 맞으니까
감기가 금방 나았어요.)
돈으 마이 버(HL)이까 좋긴 좋습데다. (돈을 많이 버니
까 좋긴 좋데요.)
집에서 핵꼬 머(HL)이까 쟁고에다 실어다준다. (집에서
학교까지 머니까 자전거에 태워다 준다.)
집에서 노(HL)이까 재미없슴다. (집에서 노니까 재미없
어요.)
양말으 신었으이까 그렇지. (양말을 신었으니까 그렇지.)
네리 가겠으이까 기달게라. (내일 가겠으니까 기다려라.)
먹어 봤댓으이까 맛있는 거 알지. (먹어 봤었으니까 맛
있는 거 알지.)
ㄴ. 시내에서 가찹으이까 쌍발하기 헗다. (시내에서 가까우니
까 출근하기 쉽다.)
좋으이까 살지. (좋으니까 살지.)
키 크(HL)이까 보기 좋다. (키가 크니까 보기 좋다.)
키 컸으이까……. (키가 컸으니까…….)
애비르 닮으므 키 크겠으이까 얼없다. (아빠를 닮으면
키가 크겠으니까 괜찮다.)
에미가 이전에 곱았댓으이까 딸두 곱지. (엄마가 이전에
예뻤었으니까 딸도 예쁘지.)
ㄷ. 농초이까 조용하다. (시골이니까 조용하다.)
시내 아이까 나뿌다. (시내가 아니니까 나쁘다.)
ㄹ. 너메 가무 머이나 다 있으이까 돈마 있으무 되우. (너머
에 가면 뭐나 다 있으니까 돈만 있으면 되오.)
늦게 가무 아무것두 없으이까 날래 가라. (늦게 가면 아
무것도 없으니까 어서 가라.)

예문 (44ㄱ)은 동사, (44ㄴ)은 형용사, (44ㄷ)은 계사, (44ㄹ)은

존재사 어간에 연결된 것이다. 'ㄹ'을 제외한 자음으로 끝나는 어간에는 '-으이까'가 연결된다. 'ㄹ'을 말음으로 가진 어간에 연결될 경우에는 우선 어간말 'ㄹ' 탈락을 경험하고 다시 '-으이까'와 연결되는데 이때 어미초 '으'는 어간말 모음에 완전순행동화된다. 모음으로 끝나는 어간에 연결될 경우에는 어미초 '으'가 어간말 모음에 완전순행동화된다.

  3) '-느라구'

    (45) 장마다 도느라구 돈으 쓰리 맞힌 거두 몰랐소. (시장을 도느라고 돈을 잃어버린 것도 몰랐소.)
        쌍발하느라구 바뿌지. (출근하느라고 바쁘지.)
        가슬에사 사과배르 뜯느라구 바뿌지. (가을에야 사과배를 따느라고 바쁘지.)

  '-느라구'는 동사 어간에만 연결되며 어간말 음절의 음운론적 성격의 영향을 받지 않는다. '-느라구'에 의해 연결된 선행절은 후행절 행위 결과의 원인을 나타낸다. 'ㄹ' 말음 어간에 연결될 경우에는 우선 어간말 'ㄹ' 탈락을 경험한다.

3.2.2.3. 조건

  조건의 문법적 의미를 나타내는 이 지역어의 연결어미에는 '-으무/무', '-거덩', '-어사/사', '-자무', '-드라무' 등이 있다. 이 어미들에 의해 연결된 선행절은 후행절 행위 발생의 조건을 나타낸다.

1) '－으무/무'

> (46) ㄱ. 아바이 가무 나두 가갰슴다. (할아버지께서 가시면 저도
>   가겠습니다.)
>   집에서 놀무 누기 돈으 주니? (집에서 놀면 누가 돈을
>   주니?)
>   개 한 마리 앚히무 느끼이 덴다. (개 한 마리 잡으면 넉
>   넉히 된다.)
>   발써 죽우무 아이 데지. (벌써 죽으면 안 되지.)
>   놀라 갔으무 내서[85] 그랜다. (놀러 갔으면 해서 그런다.)
>   감기 아이 걸리갰으무 우티르 든드이 입어라. (감기 안
>   걸리겠으면 옷을 든든히 입어라.)
>   작년에 신었댓으무 올해두 신을 수 있갰지. (작년에 신
>   었으면 올해도 신을 수 있겠지.)
>   ㄴ. 집이 칩우무 불으 더 때무 덴다. (집이 추우면 나무를 더
>   때면 된다.)
>   속이 부디사무 소화제르 좀 잡수쇼. (속이 더부룩하면
>   소화제를 좀 드세요.)
>   배불렀으무 날래 가라. (배불렀으면 어서 가라.)
>   어찌나 매련했으무 그랬갰니? (어찌나 맹했으면 그랬겠니?)
>   지내 멀무 젉어 못 간다. (너무 멀면 걸어서 못 간다.)
>   ㄷ. 니 책이 아이무 다치지 말라. (너 책이 아니면 다치지 마.)
>   이게 우리 집이무 좋갰다. (이것이 우리 집이면 좋겠다.)
>   ㄹ. 아매 집에 있으무 놀다 오갰습구마. (할머니가 집에 계
>   시면 놀다 오겠습니다.)
>   아매 집에 없으무 인차 오갰습구마. (할머니가 집에 안
>   계시면 금방 오겠습니다.)

예문 (46ㄱ)은 동사, (46ㄴ)은 형용사, (46ㄷ)은 계사, (46ㄹ)은
존재사 어간에 연결된 것이다. 'ㄹ'을 제외한 자음으로 끝나는 어

---

85) '갔으무 내서'는 '갔으면 해서'에서 어미초 'ㅎ'가 탈락하여 이루어진 것으로 볼 수 있다.

간에는 '-으무'가 연결되고 어간 말음이 'ㄹ'인 경우와 모음으로 끝나는 어간에는 '-무'가 연결된다. '-으무'와 '-우무'의 수의적 실현은 어간말 음절의 모음에 영향을 받는다. 어간말 음절 모음이 원순음일 경우에는 '-우'로 실현되는 것이 일반적이다. 이 어미는 '-았/었-', '-갰-', '-댓-' 등의 선어말어미와 연결되어 쓰이기도 한다. '놀라 갔으무 내서'에서처럼 '-으무'가 과거시제를 나타내는 선어말어미 뒤에서 동사 '하다'와 연결되어 쓰일 경우에는 화자의 소망을 나타낸다.

2) '-거덩'

조건의 문법적 의미를 나타내는 연결어미에는 '-거덩'도 있다.

(47) 한국에 도착하<u>거덩</u> 전화래두 해라. (한국에 도착하거든 전화라도 해라.)
내 이 풀으 다 붙이<u>거덩</u> 가자. (내가 이 풀을 다 붙이거든 가자.)
밥으 다 먹었<u>거덩</u> 사 치와라. (밥을 다 먹었거든 테이블을 치워라.)

'-거덩'은 동사어간에만 연결되어 선행절이 후행절 행위 발생의 조건으로 됨을 나타낸다. '-거덩'은 선어말어미 '-았/었-'과 연결되어 쓰이기도 한다. '-거덩'은 '-거등'으로 실현되기도 하는데 이때는 '어'가 '으'로 상승모음화한 것이다.

3) ' - 아(어)사'

(48) ㄱ. 잘 들게사86) 전화르 받지. (잘 들려야 전화를 받지.)
에미 말으 잘 들어사 데리구 댕긴다. (엄마 말을 잘 들
어야 데리고 다닌다.)
반반하게 차레 입어사 남이 아이 업씨본다. (옷을 반듯
하게 차려입어야 남들이 얕보지 않는다.)
기벨이 와사 가지. (소식이 와야 가지.)
니 가사 나두 가지. (네가 가야 나도 가지.)
ㄴ. 싱겁아사 신체 좋다. (싱거워야 건강에 좋다.)
키느 커사 좋지. (키는 커야 좋지.)

예문 (48ㄱ)은 동사, (48ㄴ)은 형용사 어간에 연결된 것이다. 이
연결어미는 어간말 음절구조의 영향을 받지 않는다. ' - 아'와 ' - 어'
의 선택에 있어서 용언 어간말 모음의 음운론적 성격의 영향을 받
을 뿐이다. 모음으로 끝나는 어간에 연결될 경우에는 어미초 '아
(어)'가 탈락된다. ' - 어사/아사'에 의해 연결된 선행절은 후행절 동
작의 조건을 나타낸다. ' - 어사/아사'의 '사'는 중세국어의 'ᅀᅡ'에서
온 것이다.

이 밖에 이기갑(2003)에서는 ' - 구야'가 '도이 있구야 가지', '아
프구야 죽지' 등에서처럼 표준어의 ' - 어야'와 같은 뜻으로 쓰이고
있다고 밝히고 있는데 ' - 어사/아사'와 비교해 보면 그 쓰임에 약
간의 차이가 있다는 것을 알 수 있다. 이 지역어에서 ' - 어사/아사'
는 단순한 당위와 양보를 나타낸다.

---

86) '듣게사'는 '들리다'의 방언형 '듣기다'에 ' - 어사'가 연결된 것이다.

4) ‘- 자무’

‘- 자무’는 ‘- 자 + - 으무 > - 자 + - 무’음 변화를 겪은 것인데 어미의 융합 과정에서 ‘으’가 탈락한 것으로 보인다.

> (49) ㄱ. 아매네 집으 가자무 어느 길르 가사 뎀두? (할머니 댁으
>   로 가자면 어느 길로 가야 됩니까?)
>   이 많은 밭으 기슴으 다 매자무 메츨 들게다. (이 많은
>   밭을 기음을 다 매자면 며칠 걸릴 거다.)
>   호분자 놀자무 심심하다. (혼자 놀자면 심심하다.)
>   ㄴ. 생긴 게 곱자무 엄마르 닮아야 덴다. (생긴 것이 예쁘려
>   면 엄마를 닮아야 된다.)

‘- 자무’는 용언 어간에 연결되는데 어간말 음절의 음운론적 성격의 영향을 받지 않는다. 또한 선어말어미와 연결되어 쓰이지 않는다.

5) ‘- 드라무’

‘- 드라무’는 회상의 사건에 대한 가정의 조건을 나타낸다.

> (50) ㄱ. 아바이 말으 들었드라무 헷걸음으 아이 했으겜다. (할아
>   버지 말을 들었더라면 헛걸음을 하지 않았을 겁니다.)
>   서너 날 전에 왔드라무 볼 수 있었갰는데. (사나흘 전에
>   왔더라면 볼 수 있었겠는데.)
>   ㄴ. 더 곱았드라무 좋았갰다. (더 예뻤더라면 좋았겠다.)
>   더 컸드라무 좋았갰다. (더 컸더라면 좋았겠다.)
>   ㄷ. 있었드라무 (있었더라면)

없었<u>드라무</u> (없었더라면)

예문 (50ㄱ)은 동사, (50ㄴ)은 형용사, (50ㄷ)은 존재사 어간에 연결된 것이다. '－드라무'는 용언 어간에 직접 연결되지 않고 과거 시제를 나타내는 선어말어미 뒤에 연결된다. '－드라무'에 의해 연결된 선행절은 후행절 행위 결과의 가정 조건을 나타낸다.

3.2.2.4. 결과

결과를 나타내는 연결어미에는 '－게'가 있다.

> (51) 아 좀 자<u>게</u> 말으 마쇼. (애가 좀 자게 말을 마세요.)
> 호분자 가<u>게</u> 나도라. (혼자 가게 놔 둬.)

'－게'는 동사 어간에 연결되는데 '－게'에 의해 연결된 선행절은 후행절의 결과가 되는 사태를 제시해준다. 이러한 결과 접속 구성은 선행절의 사태가 후행절의 사태로 인하여 예상되는 결과를 의미하는 것으로 해석될 수 있다.

3.2.2.5. 양보

이 지역어에서 양보를 나타내는 연결어미에는 '－아(어)두'가 있다. 이 어미에 의해 연결된 선행절은 후행절의 사태에 대하여 양보하는 내용을 제시해 준다.

> (52) ㄱ. 펭시에 놀<u>아두</u> 시험 치무 점수르 잘 맞는다. (평소에 놀

아도 시험 보면 점수를 잘 받는다.)
먹어두 먹<u>어두</u> 배 아이 부르다. (먹어도 먹어도 배가 부
르지 않다.)
아무리 곱아<u>해두</u> 버르장머리 없게 구는 거느 아이 덴다.
(아무리 고와해도 버르장머리 없게 구는 건 안 된다.)
니 가<u>두</u> 나느 아이 간다. (네가 가도 나는 안 간다.)

'-아(어)두'는 용언 어간말 음절구조의 영향을 받지 않는다. 모
음으로 끝나는 어간에 연결될 경우에는 어미초 '아(어)'가 탈락된
다. 이 어미는 선어말어미와 연결되어 쓰이지 않는다. 또한 '-아
(어)두'는 회상을 나타내는 선어말어미 '-더-', 원인을 나타내는
'-어서/아서', 선후 순서를 나타내는 '-구'와 연결되어 '-더라
두', '-서라두', '-구라두' 등과 같이 복합적 형태로 자주 쓰인다.

(52) ㄴ. 돈으 내<u>더라두</u> 대학으 보내자. (돈을 내더라도 대학을
보내자.)
돈으 내<u>서라두</u> 대학으 보내자. (돈을 내서라도 대학을
보내자.)
돈으 내<u>구라두</u> 대학으 보내자. (돈을 내고라도 대학을
보내자.)

위의 예문 (52ㄴ)에서 보듯 '-아/어두'에 연결되는 어미의 의미
에 따라 선행절 양보의 의미도 상응하게 변한다.
'-아/어두'는 아래의 (52ㄷ)에서처럼 선어말어미 '-았/었-',
'-댓-'과 결합되어 쓰이기도 한다.

(52) ㄷ. 거기르 갔<u>어두</u> 쓸데없다. (거기로 갔어도 소용없다.)

한 번 갔댓<u>어두</u> 잘 모르갔다. (한 번 갔었어도 잘 모르
겠다.)

3.2.2.6. 선행

선행의 의미를 나타내는 이 지역어의 연결어미에는 '-구', '-구
서', '-자마자', '-다(가)' 등이 있다. 이들 어미들에 의해 연결된
선행절은 시간적으로 후행절의 사태에 선행함을 제시해 준다.

1) '-구(고)'

'-구'는 비교적 자주 쓰이는 어미이다.

(53) 보덩 거 마즈 보구 가기쇼. (보던 걸 마저 보고 갑시다.)
     한 메츨 더 놀구 가라. (며칠 정도 더 놀고 가라.)
     잔체 날짜르 잡구 보자. (결혼식 날짜를 잡고 보자.)

예문 (53)에서 보다시피 선행의 의미를 나타내는 '-구'는 동사
어간에만 연결되며 어간말 음절의 음운론적 환경에 영향을 받지
않는다. 또한 기타 선어말어미와 결합되어 쓰이지 않는다.

2) '-구서'

'-구'는 선행의 의미와 나열의 의미를 모두 나타내지만 '-구
서'는 선행의 의미만 나타낸다.

(54) 장마다 <u>돌구서</u> 집으 가자. (시장을 돌고 집에 가자.)

니 만저 <u>보구서</u> 나두 보자. (너 먼저 보고 나도 보자.)

　선행의 의미를 나타내는 '－구서'는 동사 어간에만 연결되며 기타 선어말어미와 연결되어 쓰이지 않는다.

　3) '－자마자'

　　(55) 밥 <u>먹자마자</u> 눕우무 소화 아이 덴다. (밥 먹자마자 누우면 소화가 안 된다.)
　　<u>오자마자</u> 또 갔다. (오자마자 또 갔다.)
　　<u>보자마자</u> 인차 알아보더라. (보자마자 금방 알아보더라.)

　'－자마자'는 동사 어간에만 연결된다. 선행절 사태에 뒤이어 후행절 사태가 발생함을 나타낸다. '－자마자'는 '－았/었－'이나 '－겠－'과 같은 선어말어미와 연결되어 쓰이지 않는다.

　4) '－다(가)'

　'－다(가)'는 선행과 전환의 의미를 동시에 가지고 있다. 여기서 살펴볼 것은 이 어미가 가지고 있는 선행의 의미이다. 용언 어간에 연결되어 선행절의 행위나 사태가 후행절의 행위나 사태에 비해 먼저 일어났음을 나타내 준다.

　　(56) ㄱ. 밥으 <u>먹다가</u> 말구 어디 가나? (밥을 먹다가 말고 어디 가니?)
　　쌍발으 <u>가다가</u> 데비 돌아왔다. (출근 가다가 다시 돌아왔다.)

울<u>다가</u> 웃으무 미꿍게 털이 난다. (울다가 웃으면 항문
에 털이 난다.)

내 전화비 물라 갔<u>다</u> 오께.[87] (나 전화요금 내러 갔다
올게.)

딸네 집으 갔<u>다가</u> 눈치 배와서 데비 왔소. (딸네 집에
갔다가 눈치가 보여서 도로 왔소.)

ㄴ. 이전에느 곱<u>다가</u> 지금으느 밉어졌다. (예전에는 예쁘다
가 지금은 미워졌다.)

아르 났을 때느 실했<u>다가</u> 인차 약해진다. (애를 낳았을
때는 뚱뚱했다가 금방 날씬해진다.)

ㄷ. 집에 있<u>다가</u> 이재 고장 나갔슴다. (집에 있다가 이제 금
방 나갔습니다.)

도이 없<u>다가</u> 있으이까 좋습다. (돈이 없다가 있으니까
좋습니다.)

예문 (56ㄱ)은 동사, (56ㄴ)은 형용사, (56ㄷ)은 존재사 어간에 연
결된 경우이다. 계사 뒤에는 연결되지 않는다. 어미 '－다(가)'의 연
결은 어간말 음절의 음운론적 환경의 제약을 받지 않는다. 어미
'－다(가)'는 과거시제를 나타내는 '－았/었였－'과 연결되어 쓰이
기도 한다.

3.2.2.7. 상황

상황의 문법적 의미를 나타내는 연결어미에는 '－다나이', '－덩
게', '－데이'가 있다.

---

87) '오께'는 '올＋게'가 연결되어 이루어진 것인데 '－ㄹ게〉－ㄹ께'로 어미가 '－ㄹ께'로 재
구조화되고 'ㄹ'만 탈락한 것이다.

1) ‘-다나이’

    (57) ㄱ. 땐스르 보다나이 시가이 가는 줄두 몰랐다. (텔레비전을
          보다 보니 시간이 가는 줄도 몰랐다.)
          왜지에서 대학고르 댕기다나이 집에 올 새 없다. (타지
          에서 대학교를 다니다 보니 집에 올 사이 없다.)
          장난치다나이 밥으 못 먹었지. (장난치다 보니 밥을 못
          먹었지.)
          오분 할나르 노다나이 숙제라메 못했으께다. (하루 내내
          놀다 보니 숙제랑 못 했을 거다.)
          두비다나이 이전에 뒀던 우티가 나왔다. (뒤지다 나니
          이전에 두었던 옷이 나왔다.)
          보재이쿠 담다나이[담따나이]너무 마이 담았다. (보지
          않고 담다 나니 너무 많이 담았다.)
          꿈으 끼다나이 잔 거 같재이타. (꿈을 꾸다 나니 잔 것
          같지 않다.)
          길으 한창 겷다나이[걸따나이] 좀 생각히운다. (길을 한
          참 걷다 나니 좀 생각난다.)
       ㄴ. 지내 두껍다나이 잘 쩨 아이 진다. (너무 두껍다 보니 잘
          찢어지지 않는다.)
          일으 하는 게 서투다나이 늦다. (일을 하는 것이 서툴다
          보니 늦다.)
          지내 머다나이 쟁고르 타구 댕긴다. (너무 멀다 보니 자
          전거를 타고 다닌다.)
       ㄷ. 자라이다니 울지두 못했다. (어른이다 보니 울지도 못했다.)
       ㄹ. 집에마 있다나이 아무것두 몰랐슴다. (집에만 있다 보니
          아무것도 몰랐습니다.)

   예문 (57ㄱ)은 동사, (57ㄴ)은 형용사, (57ㄷ)은 계사, (57ㄹ)은
존재사 어간에 연결된 것이다. ‘ㄹ’ 말음 용언 어간의 경우에는 우
선 어간말 ‘ㄹ’ 탈락을 경험한다. 어미 ‘-다나이’는 상황의 의미

기능을 가지고 있기 때문에 '-았/었-'이나 '-겠-'과 같은 선
어말어미와 연결되어 쓰이지 않는다. '-다나이'는 상황의 설명과
함께 원인도 나타낸다.

2) '-덩게'

(58) ㄱ. 에민데르 아이 가덩게 마지막에느 그래두 갑데. (HL)
　　　　(어미한테로 안 가더니 나중엔 그래도 가데요.)
　　　　바람이 부다나이 고치갊으[88) 말리우자덩게 못 말리왔
　　　　다. (바람이 불다 나니 고춧가루를 말리지 못했다.)
　　ㄴ. 쪼꼼할 때느 곱덩게 크메 밉어진다. (어릴 때는 예쁘던
　　　　것이 크면서 미워진다.)

예문 (27ㄱ)은 동사, (27ㄴ)은 형용사 어간에 연결된 것이다. 이
어미는 선어말어미와 연결되어 쓰이지 않는다.

3) '-데이'

'-데이'는 상황의 문법적 의미를 나타내는 또 하나의 연결어미
이다.[89)

(59) ㄱ. 물으 마이 마시데이 낯이 부껬다. (물을 많이 마시더니
　　　　낯이 부었다.)
　　　　아께느 자불데이 이재사 정시이 드느 매다. (아까는 졸
　　　　더니 이제야 정신이 드는 모양이다.)
　　ㄴ. 쪼꼬말 때느 곱데이 크메 점점 밉어진다. (어릴 때는 곱

---

88) '갊에, 갊으, 갊이' 등에서 확인되다시피 '가루'가 '갊'으로 재구조화된 것이다.
89) 3.2.2.1의 '-으이/이' 부분 참조.

더니 크면서 점점 미워진다.)
쌍디래두 쪼꼬말 때느 생긴 게 같데이 크메 달라집(HL)
데. (쌍둥이라도 어릴 때는 생긴 것이 같더니 크면서 달
라지데.)
옛날에느 약하데이 점점 실해진다. (옛날에는 날씬하더
니 점점 뚱뚱해진다.)

예문 (59ㄱ)은 동사, (59ㄴ)은 형용사 어간에 연결된 것이다. 어
미 '-데이'에 의해 연결된 선행절은 후행절 행위의 발생 상황을
나타내 준다. 여기서의 상황은 원인이 될 수도 있다. '-데이'는
'먹었데이', '마셌데이' 등에서처럼 과거시제를 나타내는 선어말어
미 '-았/었-'과 연결되어 쓰이기도 한다. 미래시제를 나타내는
'-겠-'과는 연결되어 쓰이지 않는다. 형용사 어간에 연결될 경우
에도 선행절은 후행절의 원인이 될 수 있다. 형용사 어간에 연결될
경우에는 시제를 나타내는 기타 선어말어미와 연결되어 쓰이지 못
한다는 제약이 있다.

3.2.2.8. 목적

목적의 문법적 의미를 나타내 주는 이 지역어의 연결어미에는
'-자구', '-자무', '-을라' 등이 있다.

1) '-자구'

(60) ㄱ. 낯이 타자구 모재두 아이 쓰구 나가니? (낯을 태우려고
모자도 안 쓰고 나가니?)
동네돌이르 가자구 저낙으 일찌가이 먹었읍구마. (마을

을 가자고 저녁을 일찌감치 먹었습니다.)

뭉치돈으 벌<u>자구</u> 나갔는데 빚으두 못 갚구 데비 왔답데.
(떼돈을 벌자고 나갔는데 빚도 못 갚고 왔대요.)

비 오<u>자구</u> 이렇게 물쿠는매다. (비 오려고 이렇게 무더
운 모양이다.)

또 삐치<u>자구</u> 그램까? (또 참견하자고 그럽니까?)

ㄴ. 나두 좀 알<u>자구</u> 그랜다. (나도 좀 알자고 그런다.)

내마 좋<u>자구</u> 그래니? (나만 좋자고 그러니?)

예문 (60ㄱ)은 동사, (60ㄴ)은 형용사 어간에 연결된 것이다. '－자구'에 의해 연결된 선행절의 행위나 사태는 후행절 행위의 목적을 나타낸다. 평서문에 쓰인 '－자구'는 단순히 화자가 희망하는 목적을 나타낸다. 의문문에 쓰인 '－자구'는 화자가 희망하지 않는 소극적인 목적이 된다. 연결어미 '자－구'가 형용사 어간에 연결된 경우 선행절은 후행절 사태의 목적을 나타낸다. 이 경우에도 동사 어간에 연결될 때와 마찬가지로 평서문에 쓰인 경우와 의문문에 쓰인 경우의 목적이 다르다.

연결어미 '－자구'는 선어말어미와 연결되어 쓰이지 않는다.

2) '－자무'

'－자무'는 중부방언의 '자면'과 같은 것이다. '－자무'는 동사 어간에 연결되어 의도하거나 헤아리는 바를 나타낸다. '－자무'에 의해 연결된 선행절은 후행절의 결과적 사실과 이어진다.

(61) ㄱ. 대핵꼬 가<u>자무</u> 공부르 잘해야 덴다. (대학교 가자면 공부
를 잘해야 된다.)

맛있는 거 먹<u>자무</u> 시내르 나가야 덴다. (맛있는 걸 먹자
면 시내로 나가야 된다.)
사람 없는 집에 들어가<u>자무</u> 스산해서 슳다. (사람 없는
집에 들어가자면 스산해서 싫다.)
설에 잘 놀<u>자무</u> 그 전에 채비르 잘 해사 덴다. (설에 잘
놀자면 그 전에 준비를 잘해야 된다.)
ㄴ. 자라이 헗<u>자무</u> 학고서 가찹은 데 살아사 덴다. (어른이
쉽자면 학교에서 가까운 데 살아야 된다.)
ㄷ. 집에 있<u>자무</u> 답답하다. (집에 있자면 답답하다.)

(61ㄱ)은 동사, (61ㄴ)은 형용사, (61ㄷ)은 존재사 어간에 연결된
것이다. '‒자무'는 어간말 음절 음운론적 환경의 영향을 받지 않
으며, 시제를 나타내는 선어말어미와 연결되어 쓰이지 않는다.

3) '‒을라/ㄹ라'

화자의 목적이나 의도의 문법적 의미를 나타내는 연결어미에는
'‒을라/ㄹ라'도 있다.

(62) 경심[90]땐데 밥 먹<u>을라</u> 상기두 아이 오구……. (점심때인데
밥 먹으러 아직도 오지 않고…….)
이재 고장 <u>놀라</u> 나갔읍구마. (이제 금방 놀러 나갔습니다.)
동네에서 회르 하는데 <u>들을라</u> 갔소. (동네에서 회의를 하는
데 들으러 갔소.)
김칫독이 얼까바 김치굴에 포대기르 덮<u>을라</u> 들어갔습다. (김칫
독이 얼까 두려워 김치 움에 포대기를 덮으러 들어갔습니다.)
발써 신으 신<u>을라</u> 바당에 네레 섰읍구마. (벌써 신을 신으러

____

90) '경심'은 '점심'을 나타내는 이 지역어의 방언인데 '겸심'으로 실현되는 것이 일반적이나 조
사 지역에서 특이하게 '경심'으로 조사되었다.

바닥에 내려섰습니다.)
맞선으 <u>볼라</u> 서너 번 나간 게 다 텄슴다. (선을 보러 서너
번 나갔는데 다 성사하지 못했습니다.)
지부으 <u>욀라</u> 꼭대기에 올라갔소. (지붕을 이러 꼭대기에 올
라갔소.)

'-을라/ㄹ라'는 동사 어간에만 연결되며 선행절이 후행절 행위
나 사태의 목적을 나타낸다. 'ㄹ'을 제외한 자음으로 끝나는 어간
에는 '-을라'가 연결되고 'ㄹ' 말음 어간과 모음으로 끝나는 어간
에는 '-ㄹ라'가 연결된다. '-을라/ㄹ라'는 시제를 나타내는 선어
말어미와 연결되어 쓰이지 못한다.

이 밖에 곽충구(1998)에서 밝힌 목적과 의도의 의미를 나타내는
'-으랴르'는 이 지역에서 확인되지 않는다.

이상에서 이 지역어의 연결어미에 대해 살펴보았다. 확인된 연결
어미들을 정리해 보면 다음과 같다.

나열: '-구', '-으메/메', '-으멘서/멘서',
대조: '-은데/는데', '-디(지)마느', '-으나/나'
선택: '-거나', '-등지', '-등가'
배경: '-는데', '-으이'
원인: '-어/아서', '-으이까', '-느라구'
조건: '-으무/무', '-거덩', '-자무', '-드라무'
결과: '-게'
양보: '-아(어)두'
선행: '-구', '-구서', '-자마자', '-다(가)'

상황: '-다나이', '-덩게', '-데이'

목적: '-자구', '-자무', '-을라/ㄹ라'

3.3. 선어말어미

어말어미 앞에 오는 어미를 선어말어미라 한다. 어말어미가 활용형 전체의 통사적 성격이나 후행 형식과의 문법적 관계를 표시한다면 선어말어미는 상태나 행위에 대한 사회적 지시, 시제, 양태 등 문법적 범주를 표시한다(임홍빈 외, 2003).

3.3.1. 선어말어미의 목록과 용법

이 절에서는 이 지역어에서 쓰이고 있는 선어말어미의 목록과 연결관계 및 그 용법을 살펴보기로 한다.

1) '-겠-'

(63) ㄱ. 비 온다구 한 게무 오겠지. (비 온다고 한 것이면 오겠지.)
　　　　기달구라 했으이 기달구겠지. (기다리라고 했으니 기다리겠지.)
　　　　인차 끓겠지. (금방 끓겠지.)
　　　　김치르 절구겠으무 일찌가이 채비르 해사 뎀다.. (김치를 절이겠으면 일찌감치 준비를 해야 된다.)
　　　ㄴ. 송군덜이 다 좋은 대학 댕게서 좋겠슴다. (손자들이 모두 좋은 대학 다녀서 좋겠습니다.)
　　　　맛있겠다. (맛있겠다.)
　　　ㄷ. 저 길 건네 집에 아매겠다. (저 길 너머 집의 할머니겠다.)

학새겠지. (학생이겠지.)
우리 아매 아이겠지. (우리 할머니가 아니겠지.)
ㄹ. 있겠지. (있겠지.)
없겠지. (없겠지.)
ㅁ. 아바이 배우리르 줐겠지.[91) (할아버지가 병아리에게 모
이를 주었겠지.)
그렇게 막 여나서 다 꾸게젰겠슴다. (그렇게 막 넣어서
다 구겨졌겠습니다.)
돈으 마이 모닸겠소. (돈을 많이 모았겠소.)
왔댓겠지. (왔었겠지.)

선어말어미 '-겠-'의 연결은 어간말 음절의 음운론적 환경의
영향을 받지 않으며 동사, 형용사 어간이나 '이다', '아니다'의 어
간에 연결된다. 예문들에서 보다시피 '-겠-'은 미래의 일이나 추
측의 인식 양태를 나타낸다.

또한 예문 (63ㅁ)에서 보면 선어말어미 '-겠-'은 추측을 나타낼
경우 '-댓-'과 연결되어 쓰이기도 한다. '줐겠지'는 '주다'의 과거
형 '줐-'에 '-겠-'이 연결된 것이고 '꾸게젰겠슴다'는 '꾸게지다'
의 과거형 '꾸게젰'에 '-겠-'이 연결된 것이다. '모닸겠소'는 '모
두다'의 과거형 '모닸-→모닸-'에 '-겠-'이 연결된 것이다.[92)

(63) ㅂ. 내 뽐뿌르 잣겠슴다. (제가 펌프를 잣겠습니다.)
내래만에 가겠읍구마. (있다가 가겠습니다.)
낡아서 데디겠다. (낡아서 버리겠다.)
내 또 오겠슴다. (저 또 오겠습니다.)

---

91) '줐겠지'의 '줐-'은 '주었-→줐'으로 축약이 일어난 것인데 관련 음운현상은 4장에서 후
술하기로 한다.
92) 선어말어미들의 연결 순서에 대해서는 이 지역어의 선어말어미 전반에 대해 살펴본 후 마지
막에 논의하기로 한다.

예문 (63ㅂ)의 '-겠-'은 화자의 주관적 의지를 나타내는데 이
처럼 '-겠-'이 의지의 용법으로 쓰일 경우에는 동사 어간에만 연
결된다.[93]

2) '-았/었-'

과거시제를 나타내는 선어말어미 '-았/었'은 중부방언의 '-았/
었-'과 쓰임이 같다. 다만 이 지역어에 존재하는 '아/어'의 선택
특성으로 말미암아 '-았-'과 '-었'-도 그러한 특성에 의하여
결정된다. 중부방언에서 '하-' 어간에 연결되는 이형태 '-였-'은
이 지역어에서도 '했-'으로 축약되어 나타난다.

> (64) ㄱ. 머리르_땄(ᄔ)다. (머리를 땋았다.)
> 나느 다 마셨소. (나는 다 마셨소.)
> 서답으 싲었읍구마. (빨래를 다 했습니다.)
> 가바에다 옇(ᄔ)다.[94] (가방에다 넣었다.)
> 시퍼렇게 이물었다. (시퍼렇게 멍들었다.)
> 낯이 부겠다. (얼굴이 부었다.)
> ㄴ. 자이 데게 짧았다. (장이 되게 짧다.)
> 옛날에느 키 컸다. (옛날에는 키가 컸다.)
> ㄷ. 우리 학고 학새이댔다. (우리 학교 학생이었다.)

---

93) 채옥자(2002)에서 '개'는 젊은 층에서 주로 쓰이며, 선어말어미 '-겠-'에서 말음 'ㅆ'이
탈락한 것으로 '해라체' 의문법과 '합쇼체' 서술법을 나타낸다고 하였다. '개'가 선어말 어미
'-겠-'에서 말음이 탈락했다는 것에 대해서는 수긍이 가나 '합쇼체' 서술법을 나타낸다는
점에는 동의할 수 없다. '개'는 오직 '해라체' 의문법에만 쓰이는 것으로 조사되었다.
    갔다 데비 오개? (갔다가 도로 오겠니?)
    니 이거 가지개? (너 이거 가지겠니?)
    웃개? (웃겠니?)
94) '옇다'의 기저형은 '옇구', '옇지' 등에서 확인되다시피 '옇-'이다.

예문 (64ㄱ)은 과거시제를 나타내는 선어말어미 '-았/었-'이 동사 어간에 연결된 경우이고 (64ㄴ)은 형용사 어간에 연결된 경우이다. (64ㄷ)에서처럼 계사 어간에 연결될 경우에는 다른 어미와 결합되어 쓰인다.

3) '-댓-'

중부방언의 '-었-'은 대과거시제를 나타낼 경우에도 쓰인다. 이 지역어에서 확인된 대과거시제를 나타내는 선어말어미는 '-댓-',[95] '-었-'이다. '-댓-'은 중부방언이나 다른 방언에서 흔히 발견되는 인용문 축약에 의한 재구조화의 한 예로 볼 수 있다.[96]

대과거의 '-었-'은 중부방언의 그것과 같은 것인데 이는 주로 문어에서 쓰인다. 구어에서 많이 쓰이는 것은 '-댓-'이다. 선어말어미 '-댓-'은 동사나 형용사 어간에 직접 연결되는 것이 아니라 과거시제 선어말어미 뒤에 연결된다.

(65) ㄱ. 엊즈낙에 왔댓슴다. (엊저녁에 왔었습니다.)
       쫄괐댓다. (쫓았었다.)
       다 싳었댓는데 또 더럽아졌슴다. (다 씻었었는데 또 더러워졌습니다.)
    ㄴ. 아께 먹을 때느 맛있었댓다. (아까 먹을 때는 맛있었다.)
       전번에 맛있었댓어 이번에 또 먹을라 왔슴다. (저번에 맛있어서 이번에 또 먹으러 왔습니다.)

____

95) "이전에 갔댓어[갔때서] 잘 안다"에서 확인되다시피 기저형은 '-댓-'으로 정한다.
96) 이기갑(2003:483~485) 참조.

예문 (65ㄱ)은 ‘-댓-’이 동사의 과거형 뒤에 연결된 경우이고 (65ㄴ)은 형용사의 과거형 뒤에 연결된 경우인데 모두 대과거시제 만을 나타낸다.

4) ‘-더-’

이 지역어에서 확인된 회상의 의미를 나타내는 선어말어미는 ‘-더-’이다. ‘-더-’는 ‘드’로 실현되기도 한다. ‘-더-’는 일반적으로 종결어미와 연결된 형태인 ‘-더나’, ‘-더라’ 등으로 많이 쓰인다.

(66) ㄱ. 가더나? (가더냐?)
　　　　왔더나? (왔더냐?)
　　　　우더나? (올더냐?)
　　　　모르더나? (모르더냐?)
　　　　싫더라. (씻더라.)
　　　　싱궜더라. (심었더라.)
　　　ㄴ. 곱더나? (곱더냐?)
　　　　크더나? (크더냐?)
　　　ㄷ. 니 책이더라. (너 책이더라.)
　　　　내 책이 아이더라. (내 책이 아니더라.)
　　　ㄹ. 원래 자리에 상기두 서 있더라. (원래 자리에 아직도 서
　　　　있더라.)
　　　　발써 가구 없더라. (벌써 가고 없더라.)

‘-더-’는 관련되는 행위나 상태가 발화시 이전에 화자가 자신의 감각 기관을 통하여 지각한 것임을 표시하는 증거 양태로 일정한 인칭 제약이 있다. ‘내 밥으 잘하더라’에서처럼 화자에게 지각

대상이 되기 어려운 화자 자신의 행동에는 '-더-'가 쓰이지 못하며 자신의 행동이라도 지각될 수 있는 상황에서만 '-더-'가 쓰일 수 있다. 또한 '나느 배 아이 고푸더라'에서처럼 화자 자신에게만 지각 대상이 되는 심리적 상태는 주어가 1인칭인 경우에 한하여 '-더-'를 쓸 수 있다.

5) '-으랬/랬-'

'-랬-'은 명령의 '라 하-'와 '-었-'이 연결되어 이루어진 것으로 하나의 선어말어미처럼 쓰인다. '-랬-'은 '-랬-'과 '으랬'의 이형태를 가지고 있다.

> (67) 내 가랬다. (내가 가라 했다.)
> 　　　내 놀랬다. (내가 놀라고 했다.)
> 　　　먹<u>으랬</u>다. (먹으라 했다.)

예문 (67)에서 보다시피 모음으로 끝나는 어간과 'ㄹ' 말음 어간일 경우에는 '-랬-'이 연결되고 자음으로 끝나는 어간에는 '-으랬-'이 연결된다.

3.3.2. 선어말어미들의 연결 순서

선어말어미는 어말어미와 달리 동사나 형용사의 활용형이 표현하고자 하는 문법적 의미에 따라 둘 이상이 연결할 수 있다. 선어말어미가 둘 이상 쓰일 때는 서로 간에 연결 제약과 연결 순서가 있다.

1) 과거시제를 나타내는 어미 '-었/았-'은 추측의 양태를 나
   타내는 어미 '-겠-'에 선행하며 대과거 시제를 나타내는
   '-었댓/앗댓-'도 '-겠-'에 선행한다.

   (68) 밥으 발써 다 먹었겠다. (밥을 벌써 다 먹었겠다.)
        연출이 다 끝났겠다. (공연이 다 끝났겠다.)
        왔댓겠다. (왔었겠다.)
        아이 먹는 거 바서느 뭐 먹었댓겠다. (먹지 않는 걸 봐서는
        뭘 먹었었겠다.)

2) 회상의 선어말어미 '-더-'는 추측의 양태를 나타내는 어미
   '-겠-'에 후행한다.

   (69) 쩨까닥 오겠답데. (금방 오겠데.)
        올해느 잔체르 한답데다. (올해는 결혼을 한답니다.)
        오시라바 못 앉아 있겠더라. (불안해서 못 앉아 있겠더라.)

3) 회상의 선어말어미 '-더'-와 '-더-'와 융합된 형태의 어
   미들은 과거시제를 나타내는 어미 '-았/었-'에 후행한다.
   회상은 이미 끝난 일에 대한 것이기 때문에 과거시제를 나타
   내는 어미가 선행한다.

   (70) 어느 샐르 다 먹었더라. (어느 사이에 다 먹었더라.)
        언제 갔답데? (언제 갔다던?)

4) 화자의 주관적 의지를 나타내는 '-겠-'은 회상의 선어말어
   미 '-더-' 및 '-더-'와 융합된 형태의 어미에 선행한다.

(71) 오<u>겠답</u>데? (오겠다던?)

　　해주<u>겠답</u>다. (해주겠답니다.)

이상에서 이 지역어의 선어말어미들에 대해 살펴보았다. 선어말
어미들의 목록을 정리해 보면 다음과 같다.

과거시제: -았/-었, -댔-

미래시제: -갯-, -으랬/-랬

회상: -더

3.4. 전성어미

전성어미는 용언의 어간에 붙어 다른 품사의 기능을 수행하게
한다. 전성어미는 명사 전성어미, 관형사 전성어미, 부사 전성어미
로 나눌 수 있다. 이 지역어에서 확인된 전성어미에는 '-기', '-
(으)ㅁ', '-은', '-는', '-ㄹ', '-아/어', '-게', '-지' 따위가
있다. 이 절에서는 이 지역어 전성어미의 목록과 용법을 살펴보기
로 한다. 임홍빈 외(2003)에 의지하여 논의를 전개하기로 한다.

3.4.1. 명사 전성어미

1) '-기'

'-기'는 계획되거나 미정된 일의 서술어가 쓰인 문장에 쓰인다.

(72) ㄱ. 가기 슳다. (가기 싫다.)

싳기 헗다. (씻기 쉽다.)

삐치기 좋와한다. (참견하기 좋아한다.)

키 작아서 챠쇼르 께기 바뿌다. (키 작아서 코드를 꽂기
바쁘다.)

ㄴ. 큰데……. (크기야 큰데…….)

오기사 오겠지……. (오기야 오겠지…….)

놀기느 좋와하구 일하기느 슬에하구 이런 사람으 '가증
하다'구 하지. (놀기 좋아하고 일하기 싫어하는 사람을
'가증하다'고 하지.)

예문 (72ㄱ)에서 보다시피 '-기'는 동사 어간에 연결되어 동사
가 명사의 기능을 하게 하고 (72ㄴ)에서처럼 기타 보조사와 함께
쓰이기도 하는데 이 경우에는 동사, 형용사의 어간에 모두 연결될
수 있다.

2) '-음/ㅁ'

'-음/ㅁ'도 용언 어간에 붙어 그 말이 명사의 기능을 가지게 해
준다.

(73) ㄱ. 이빨으 뽑음. (이를 뽑음.)

세 번 옮. (세 번 옮.)

내 오늘 시내르 감. (내 오늘 시내로 감.)

오늘 개치렘으 함. (오늘 개 추렴을 함.)

ㄴ. 참애 다 익음. (참외 다 익음.)

키가 큼. (키가 큼)

예문 (73ㄱ)과 (73ㄴ)에서 보다시피 'ㄹ' 받침과 받침이 없는 용

언 어간에는 '-음'이 연결되었다. 'ㄹ' 받침을 제외한 기타 받침
있는 용언 어간의 경우에는 '-ㅁ'이 연결된다. '-음/-ㅁ'은 이
미 알고 있거나 일어난 사실에 많이 쓰이며 구어에서는 확인되지
않는다. '-음'은 아래의 예문 (2ㄷ)에서처럼 기타 선어말어미와 연
결되어 쓰이기도 한다.

(73) ㄷ. 내 가겠음. (내 가겠음.)
　　　밥으 먹었음. (밥을 먹었음.)

3.4.2. 관형사 전성어미

관형사 전성어미는 문장이 명사를 수식하는 기능을 갖도록 해
주는, 즉 관형절을 만드는 전성어미의 하나이다. 이 지역어에서 확
인된 관형형 어미에는 '-을', '-은', '-는' 등이 있다.

1) '-을'

(74) 아르 두구 갈 거 생각하무 맴이 아픔다. (애를 두고 갈 거
　　　생각하면 마음이 아파요.)
　　　바까 입을 거 있으무 아무거나 주우. (바꿔 입을 거 있으면
　　　아무거나 주오.)
　　　한국 갈 날두 얼매 아이 남았습구마. (한국에 갈 날도 얼마
　　　남지 않았습니다.)
　　　논문 쓸 거 생각하무 아득하다. (논문 쓸 거 생각하면 아득하다.)
　　　그래두 아르 재래울 때 재미사 있지. (그래도 애를 키울 때
　　　재미야 있지.)
　　　일할 때느 아이 배우던 게 먹을 때느 인차 온다. (일할 때는
　　　보이지 않던 것이 먹을 때는 금방 온다.)

받을 도이 더 있습구마. (받을 돈이 더 있어요.)

관형형 어미 '-을'은 예문 (74)에서처럼 동사 어간에 연결되어 그 문장이 가능성, 의지, 예정 등 확정된 현실이 아님을 나타내 준다.

2) '-은/ㄴ'

(75) ㄱ. 아께 먹은 게 상기두 소화 아이 댔다. (아까 먹은 것이
          아직도 소화가 되지 않았다.)
          내사 북겨 이전에 가 본 게무. (나야 북경에 이전에 가
          봤으니까.)
          논 게 후헤 덴다. (논 것이 후회가 된다.)
       ㄴ. 짭운지 싱겁운지 모르겠다. (짠지 싱거운지 모르겠다.)
          아바이느 치애 아이 좋아서 땅딴한 거 못 잡숫는다.
          (할아버지는 치아가 안 좋아서 딱딱한 거 못 잡수신다.)
          배 아푼 매다. (배가 아픈 모양이다.)
          먼지 가찹운지 모르겠다. (먼지 가까운지 모르겠다.)

예문 (75ㄱ)은 동사 어간에 연결된 경우이다. 'ㄹ'을 제외한 자음으로 끝나는 어간에는 '-은'이 연결되고 'ㄹ' 말음 어간과 모음으로 끝나는 어간에는 '-ㄴ'이 연결된다. 'ㄹ' 말음 어간에 '-ㄴ'이 연결될 경우에는 우선 어간말 'ㄹ' 탈락을 경험한다. '-은/ㄴ'이 동사 어간에 연결될 경우에는 과거의 의미를 나타낸다.

예문 (75ㄴ)은 '-은'이 형용사 어간에 연결된 경우이다. 동사의 경우와 달리 과거시제를 나타내지 않는다. 'ㄹ'을 제외한 자음으로 끝나는 어간에는 '-은'이 연결되고 'ㄹ' 말음 어간과 모음으로 끝나는 어간에는 '-ㄴ'이 연결된다.

3) '-는'

(76) 삼합에 가<u>는</u> 거사 나래 가무 데지. (삼합에 가는 거야 있다
가 가면 되지.)
요쎄느 불으 때<u>는</u> 집이 거반 없다. (요새는 불을 지피는 집
이 거의 없다.)
베르 빼<u>는</u> 게 嗝재이타. (볏가을이 쉽지 않다.)
사람이 아이 하구 세 후치<u>는</u> 게무. (사람이 하지 않고 소가
훑이질[97]한다.)
글재르 쓰<u>는</u> 거 원자필이라구 하지. (글을 쓰는 것을 볼펜이
라고 하지.)
말그<u>는</u> 게 바뿌지 하는 거느 嗝다. (말리는 것이 바쁘지 하
는 것은 쉽다.)

'-는'은 동사 어간에만 연결되고 현재 시제를 나타낸다.

이상에서 이 지역어의 전성어미에 대해 살펴보았다. 전성어미의
목록을 정리해 보면 다음과 같다.

명사 전성어미: -기, -음/-ㅁ
관형사 전성어미: -을, -은/-ㄴ, -는

---

97) 쟁기로 고랑을 파서 이랑의 북을 돋우는 일

제4장 곡용과 활용에서의 음운현상

함경북도 지역어를 대상으로 한 음운론적 연구는 곽충구(1994)에서 시작하여 최명옥(2000), 채옥자(1999, 2000, 2002), 소신애(2002), 김봉국(2004)에 이르기까지 많은 연구가 이루어졌다. 그럼에도 이 지역어의 음운현상에 대해 다시 살펴보고자 하는 것은 이 지역어의 형태소 경계에서 나타나는 음운현상을 재확인하고 龍井 지역어와의 차이를 찾아보려는 것이다. 구체적으로 곡용과 활용에서 나타나는 음운현상을 다루고자 한다. 여기서 곡용은 체언에 조사가 연결되는 문법·음운론적 과정을 말하고 활용은 용언 어간에 선어말어미나 어말어미가 연결되는 문법·음운론적 과정을 말한다.

이 지역어는 서론에서 이미 지적했다시피 지리적으로 가까운 함경도 지역어, 특히 육진 지역어가 기층을 이루고 있어 육진 지역어의 일면을 보여 줄 수 있을 것이다. 그럼에도 중국어를 차용해 쓴다든가 어두에서의 'ㄴ' 탈락, 조선족 언어규범의 영향을 받아 사용되는 어미들의 출현 등은 龍井 지역어로서의 특성을 보여 준다고 할 수 있을 것이다.

이 절에서는 하나의 음운현상을 중심으로 그 음운현상이 구체적으로 곡용과 활용에서 어떠한 양상을 보이는지를 기술할 것이다. 이렇게 하면 반복적으로 나타날 수 있는 음운현상에 대한 이중 기술을 피할 수 있고 형태음운론을 위해 새로운 체계를 마련할 수 있다.

곡용과 활용에서의 음운현상도 교체, 첨가, 탈락, 축약으로 분류해서 설명한다. 음운론 연구에서 기저형을 설정하는 작업은 아주 중요하다. 기저형이 정확하지 않으면 설정된 음운규칙도 정확하지 않으며 음운과정에 대한 설명 역시 정확하지 못하게 되기 때문이다. 다만 이 연구는 이 지역어에 대한 분석을 바탕으로 기저형을 설정하여 예시에 쓰는 것으로 대신하고 기저형 설정을 위한 별도의 서술은 하지 않는다.

또한 지역어의 음운현상에 대한 기술은 음운체계를 떠날 수 없다. 이 지역어에서 확인된 음소 목록은 다음과 같다.[98]

순수자음(19개): ㅂ, ㅃ, ㅍ, ㄷ, ㄸ, ㅌ, ㅈ, ㅉ, ㅊ, ㄱ, ㄲ, ㅋ, ㅅ, ㅆ, ㅁ, ㄴ, ㅇ, ㆆ, ㅎ

유음: ㄹ

활음: y, w

단모음(8개): 이, 에, 애, 으, 어, 우, 오, 아

이중모음(11개): 예, 얘, 여, 유, 요, 야, 위, 웨, 왜, 워

이 지역어에서 확인된 것도 최명옥 외(2002)에서 지적한 바와 같았다.

---

98) 최명옥 외(2002) 참조.

4.1. 교체

 형태소와 형태소가 통합하는 경우에 그 경계에 있는 음운이 다른 음운으로 변동하는 것을 교체라고 한다(최명옥, 2004:87). 이러한 음운과정은 그 음운과정의 결과를 기준으로 자음동화, 평폐쇄음화, 경음화, 원순모음화, 단모음화, 활음화로 구분할 수 있다. 이 지역어의 곡용과 활용에서의 교체로는 비음화, 유음화, 양순음화, 연구개음화, 구개음화, 평폐쇄음화, 경음화, 부사형 어미 '아/어'의 교체, 원순모음화, 단모음화, 활음화, 완전순행동화 등이 있다.

4.1.1. 자음동화

 자음동화는 자음을 구성하는 어떤 자질의 값이 인접한 자음을 구성하는 자질의 영향으로 그와 같은 자질 값을 가지게 되는 것을 말한다(김성규·정승철, 2005:177). 이러한 음운현상에는 비음화, 유음화, 양순음화, 연구개음화 등이 포함된다. 이 지역어에서 자음동화는 매우 활발히 나타난다.

4.1.1.1. 비음화

 비음화는 인접된 자음이 비음일 경우에 일어나는 음운과정이다. 다시 말하면 비음으로 시작되는 어미 앞의 폐쇄음은 같은 조음위치의 비음으로 바뀌는 음운현상이라는 것이다(김성규·정승철, 2005:185). 한국어의 경우, 비음 앞에는 비음만이 올 수 있기 때문에 비음화는 필수적으로 일어나는 현상에 속한다. 따라서 곡용에서든 활용에서든 그대로 적용된다. 이 지역어에서 확인된 비음화의 예는 다음과 같다.

> (1) ㄱ. 짐마(집 + - 마, cf. 집이, 집으, 집에서),
>   개즘마느(개즙[99] + - 만으, cf. 개즙이, 개즙으)
>   밤마(밭 + - 마, cf. 바티, 바트 田)
>   훙마(흑 + - 마, cf. 흑이, 흑으, 흑에서)
> ㄴ. 돈는다(돋- + - 는다, cf. 돋아서, 돋으이, 生)
>   즌는다(즛- + - 는다, cf. 즛어서, 즛으이, 喊)
>   연는다(옇- + - 는다, cf. 여쿠, 여타, 揷)
>   봉는다(볶- + - 는다, cf. 보까서, 보끄이, 炒)
>   눙나(눅- + - 나, cf. 눅어서, 눅우무 泥)
>   신는다(싳- + - 는다, cf. 싳어서, 싳으이, 洗)
>   반는다(밭- + - 는다, cf, 반는다, 밭아서, 밭아두, 吐)[100]

위의 (1ㄱ)은 곡용에서, (1ㄴ)은 활용에서 일어난 비음화의 예들이다. 이처럼 비음화는 형태소 경계에서는 필수적으로 일어나는 음운과정으로서 비음 앞에 다른 폐쇄음이 놓이면 모든 경우에 일어난다. 폐쇄음 'ㄷ, ㅂ, ㄱ'와 각각 같은 조음위치의 비음 'ㄴ, ㅁ, ㅇ'으로 바뀐다. 즉 치조음 'ㄷ'은 치조비음 'ㄴ'으로, 양순음 'ㅂ'은 양순비음 'ㅁ'으로, 연구개음 'ㄱ'는 연구개비음 'ㅇ'으로 바뀐다.

위의 예문 (1ㄴ)의 '연는다'의 음운과정에 대해서는 어간말 'ㅎ'

---

99) '개즙'은 보신탕을 먹을 때 국에 넣는 양념인데, 하는 사람에 따라서 약간의 차이가 있기는 하지만 대개는 개고기 비계, 내장 일부, 고춧가루, 고수, 식용유, 냉이 등으로 만든다. 여기서 '즙'은 '다대기'와 비슷한 의미로 쓰인다. 이 단어가 들어간 용례를 들어 보면 다음과 같다. '우리 아부지 개즘마느 정마 잘함다(우리 아버지 다대기만은 정말 잘합니다).'

100) '밭다'는 '춤을 바트면 〈救간 - 82〉', '바튼 추미 구슬 두의요몰 〈杜초八 31〉' 등에서도 보듯 고어형을 그대로 유지하고 있는 것이다.

이 직접 'ㄴ'으로 동화된다고 보는 견해(이승재, 1980)와 비음화가 일어나기 전에 'ㅎ'이 'ㆆ'으로 되었다가 다시 'ㄷ'으로 된 후 'ㄴ'으로 동화된 것으로 중간과정을 인정하는 견해(곽충구, 1991; 정인호, 1995)가 있는데 비음화가 서로 짝을 이루는 폐쇄음과 비음 사이에서 일어나는 현상임을 감안하면 중간과정을 인정하는 것이 마땅하다고 생각된다.

동화는[101] 1차적으로 발음을 쉽게 할 수 있도록 하기 위해서 일어나기 때문에 어떤 언어에서도 매우 흔히 일어나는 음운현상이다. 이 지역어의 경우도 마찬가지이다.

4.1.1.2. 유음화

유음화는 유음 'ㄹ'이 인접해 있는 환경에서 유음이 아닌 소리가 유음으로 교체되는 현상을 가리킨다. 다시 말하면 치조비음 'ㄴ'가 주위에 있는 유음 'ㄹ'의 영향을 받아 그와 같은 소리로 바뀌는 현상이다(김성규·정승철, 2005:180). 이 지역어의 경우 'ㄴ'으로 시작되는 격조사나 보조사의 목록만 확인될 뿐 통합이 되지 않기 때문에 곡용에서는 유음화가 발견되지 않았다.

(2) ㄱ. 재딸른다(재딿- + -는다, cf. 재딸쿠, 재딸터라 磨)

---

101) 김성규·정승철(2005)에서는 달랐던 소리가 서로 같거나 비슷해지는 동화현상과는 반대로, 같거나 비슷한 소리가 오히려 서로 다르게 바뀌는 이화(dissimilation)현상에 대해 언급하고 있다. 동화에 비해 그다지 흔히 나타나는 현상은 아니지만 이 지역어에서도 형태소 내부에서 발견된다. '경심 먹구 가자(점심 먹고 가자)'에서 보다시피 첫 번째 음절의 종성이 두 번째 음절의 종성과 다르게 'ㅇ'으로 바뀌어 유사한 소리가 되지 않게 했다. 본고의 논의가 형태소 경계에서의 음운현상을 주로 다루고 있으므로 이 같은 형태소 내부에서의 음운현상은 간단히 언급하기로 한다.

끌른다(끓- + -는다, cf. 끌쿠, 끌터다 沸)
알른다(앓- + -는다, cf. 알쿠, 알치 病)
훌른다(훑- + -는다, cf. 훌터라, 훌꾸 扱)
절른다(젊- + -는다, cf. 절터라, 절치, 저러서 瘸)
ㄴ. 서느라구(설- + -느라구, cf. 설구, 설어서 懷妊)
가느라구(갈- + -느라구, cf. 갈구, 갈아서 換)
노느라구(놀- + -느라구, cf. 놀구, 놀아서 遊)

유음화는 동화음과 피동화음의 순서에 따라 순행적 유음화와 역행적 유음화로 나뉜다. 순행적 유음화에서는 앞에 있는 'ㄹ'이 동화주가 되어 뒤에 있는 피동화음 'ㄴ'를 'ㄹ'로 바꾼다. 예문 (2ㄱ)은 순행적 유음화의 예들이다. 예문에서 확인하다시피 순행적 유음화는 'ㄹ'계 자음군 어간에 'ㄴ'로 시작하는 어미가 연결될 때 일어난다. 예문 (2ㄱ)에서 보이는 활용에서의 유음화에 대해 간접동화로 봐야 한다는 견해와 직접동화로 봐야 한다는 견해(이진호, 1998)가 있는데 예문 (2ㄱ)에서 보여 준 유음화는 자음군단순화가 먼저 적용되고 일어난 것으로 보인다.

활용에서의 순행적 유음화는 그 어간이 ㄹ계 자음군 어간일 경우에만 일어난다. 위의 예문 (2ㄴ)에서 보다시피 어간이 자음군이 아닌 'ㄹ'계 어간일 경우에는 유음 탈락이 일어나기 때문에 유음화가 일어나지 않는다.

위에서 잠깐 언급한 역행적 유음화의 예는 발견되지 않았다. 역행적 유음화가 나타나지 않는 원인에 대해서 한성우(2002)에서는 이는 유음화 자체의 제한적인 속성 때문인 것이 아니라 환경의 문제라고 하면서 고유어 형태소 내부의 경우 이른 시기의 문헌과 비교해 보지 않는 한 역행적 유음화를 확인할 길이 없지만 이런 예를 확인할 수 없다는 사실을 통해 역행적 유음화가 특정 시기에 모든 형태소에 적용되었을 것으로 유추하고 있다. 역행적 유음화는 한자어의 형태소 내부에서만 일어나는데 김성규·정승철(2005)에서는 역행적 유음화가 현재 활발히 일어나고 있는 음운현상이 아니라 오래전에 만들어지고 한 단어로 정착된 한자어에서만 그것이 발견되는데 유음화를 겪은 'ㄹ－ㄹ'의 발음이 정착과정을 거치면서 그대로 굳어져 오늘날까지 이어져 내려온 것으로 보았다. 역행적 유음화의 생명력이 약화된 이후에는 대체로 '결단－력→ 결딴－력→ 결딸력'으로의 과정을 겪는 것이 아니라 '결단－력→결딴－력→결딴－녁'과 같은 치조비음화를 겪게 된다는 것이다. 이 지역어의 경우에도 형태소 경계에서의 역행적 유음화의 용례는 찾아볼 수 없었다.

4.1.1.3. 양순음화

자음동화는 조음방법동화와 조음위치동화로 나뉜다. 조음방법동화는 인접하고 있는 소리의 영향으로 조음방법이 바뀌는 동화이고 조음위치동화는 인접하고 있는 소리의 영향으로 조음위치가 바뀌는 동화이다. 위에서 서술한 비음화와 유음화는 조음방법에서 같거나 비슷한 소리로 교체되는 현상을 다룬 것이므로 조음방법동화에 속한다. 양순음화는 뒤에 오는 양순음의 영향으로 앞에 있는 치조음 'ㄴ, ㄷ'이 각각 양순음 'ㅁ, ㅂ'으로 교체되는 조음위치동화의 한 현상이다. 양순음화는 발음을 쉽게 할 수 있도록 하기 위해 일어나는 동화현상으로 조건이 형성되면 수의적으로 일어난다(김성규·정승철, 2005:196). 화자에 따라서는 일어나지 않을 수도 있다

는 것이다. 이 지역어에서 확인된 양순음화의 구체적인 예는 다음
과 같다.

(3) 심보구(신+－보구, 靴), 접보다(젖+－보다, 乳)

한국어의 경우, 양순음 'ㅁ, ㅂ'으로 시작하는 어미와 어간 말음
이 치조음인 용언이 연결하는 경우가 거의 없고, 또 있다고 해도
어간 말음이 폐음절인 만큼 그 뒤에 연결되는 어미는 대부분 '으'
나 '－어/아'로 시작하기 때문에 양순음화 현상이 일어날 수 있는
환경이 만들어지는 경우가 거의 없다시피 하다. 이 지역어의 경우
에도 마찬가지로 활용에서는 양순음화 현상을 찾아볼 수 없었다.
양순음화는 형태소 내부에서는 빈번히 일어나지만 본 논의가 곡용
과 활용에서의 음운현상을 중심으로 다루기 때문에 형태소 경계에
서의 음운현상은 생략하기로 한다.

4.1.1.4. 연구개음화

연구개음화는 뒤에 오는 연구개음의 영향을 받아 앞에 있는 'ㄴ,
ㅁ'이 'ㅇ'으로, 또, 'ㄷ, ㅂ'이 'ㄱ'으로 교체되는 현상이다. 연구
개음화는 치조음('ㄴ, ㄷ')이나 양순음('ㅁ, ㅂ')이 연구개음('ㅇ,
ㄱ')으로 바뀌는 조음위치상의 변동이 일어난 것이므로 조음위치동
화에 속한다. 연구개음화도 양순음화와 마찬가지로 발음상의 편이
를 추구하는 현상이며 역시 수의적으로 일어나는 현상이다(김성
규·정승철, 2005:198). 이 지역어에서 확인된 연구개음화의 구체
적인 예는 다음과 같다.

(4) ㄱ. 밥까지(밥+ - 까지, cf. 밥이, 밥으)
    꼭까지(꽃+ - 까지, cf. 꽃이, 꽃으)
ㄴ. 싱꾸(신- + - 구, cf. 신으이, 신어서),
    앙꾸(앉- + - 구, cf. 앉아, 앉으이)
    닥꾸(닫- + - 구, cf. 닫아라, 닫아사(닫아야)),
    득꾸(듣- + - 구, cf. 듣길래)
    곡꾸(곱- + - 구, cf. 곱아서, 곱으이(고와서, 고우니))
    숭꾸(숨- + - 구, cf. 숨어서, 숨으이(숨으니))
    궁꾸(굶- + - 구, cf. 굶어서, 굶어두(굶어서, 굶어도))

위의 예문 (4ㄱ)은 곡용에서 연구개음화 현상을 보이는 예들이
다. 곡용에서 보이는 연구개음화는 체언의 말음이 'ㄷ, ㅂ'인 경우
에 많이 나타났다. 체언의 말음이 'ㄴ, ㅁ'인 경우는 '돈', '신',
'곰' 등과 같은 체언들이 이 지역어에서 '도이, 시이, 고미'로 격조
사 '이'가 융합된 형태로 실현되는 것이 일반적이기 때문에 양순음
화가 일어날 수 있는 환경이 잘 만들어지지 않는다.

예문 (4ㄴ)은 활용에서 보이는 연구개음화 현상의 예이다. 용언
어간의 경우에는 활발하게 이루어지는 편이다. 용언 어간이 자음
군으로 되었을 경우에는 자음군단순화를 거치고 연구개음화가 일
어난다. 채옥자(2002)에서도 지적했듯이 양순음의 연구개음화는
용언 어간과 2음절 이상의 체언 어간의 경우에 활발히 이루어지
는 편이다.

연구개음화 역시 양순음화와 마찬가지로 형태소 내부에서도 빈
번히 일어난다.

4.1.2. 평폐쇄음화

평폐쇄음화는 어떠한 조건 아래에서 평폐쇄음이 아닌 소리가 'ㄱ, ㄷ, ㅂ' 세 소리로 교체되는 현상을 말한다(김성규·정승철, 2005:158). 변별력을 가졌던 자음이 어말 위치나 장애음 앞에서 변별력을 상실한다고 하여 중화로 보기도 하고 여기서 중화된 음이 음성적으로는 미파음이기 때문에 미파음화로 보기도 한다. 최근의 연구서들에서는 평음이 아닌 소리가 평음으로 바뀌는 '평음화'와 폐쇄음이 아닌 소리(마찰음, 파찰음)가 폐쇄음으로 바뀌는 '폐쇄음화'를 포함하여 '평폐쇄음화'라고 부른다. 본고도 이를 따르기로 한다.

한국어의 음절말에서는 'ㄱ, ㄴ, ㄷ, ㄹ, ㅁ, ㅂ, ㅇ'만이 발음될 수 있는데 곡용과 활용의 경우에도 이는 그대로 적용된다. 이 지역어의 곡용과 활용에서 나타나는 평폐쇄음화의 양상은 다음과 같다.

(5) ㄱ. 받뚜(밭+-도, cf. 밭이, 밭으, 田), 걱까(젖-+-과, cf. 젖이, 젖에, 表), 무릅꺼정(무릎+-까지, 무릎이, 무릎으, 膝盖), 전뚜(젖+-도, cf. 젖이, 젖으, 乳), 낙까지(낯+-까지, cf. 낯이, 낯에, 面), 버슨뚜(버섯+-도, cf. 버슷이, 버슷으, 菌)

　　 ㄴ. 석꾸(섞-+-고, cf. 섞어서, 섞어라, 混), 쏙구(쏯-+-고, cf. 쏯어서, 쏯어라, 拭), 덕꾸(덮-+-고, cf. 덮어서, 덮어라, 盖), 막꾸(맡-+-고, cf. 맡우무, 맡아라, 聞), 식꾸(씻-+-고, cf. 싳어서, 싳어라, 洗)

예문 (5)에서 보다시피 평폐쇄음화는 곡용과 활용의 경우 모두 활발하게 나타난다. 기저에 평음이 아니거나 마찰음, 파찰음을 가지고 있는 형태소가 자음 앞에 놓이게 되면 모두 평폐쇄음으로 바뀐다. 이렇게 바뀐 평폐쇄음들은 다시 뒤에 연구개음으로 시작되는 조사와 연결되면 연구개음화가 일어난다. (5ㄱ)은 곡용의 경우이고 (5ㄴ)은 활용의 경우이다.

평폐쇄음화는 방언을 비롯한 전체 한국어에서 보편적으로 일어나는 필수적 현상이다.

4.1.3. 경음화

경음화는 어떠한 조건 아래에서 경음이 아닌 소리, 즉 평음이 경음으로 교체되는 현상을 가리킨다. 특정한 환경에서 평음 'ㄱ, ㄷ, ㅂ, ㅅ, ㅈ'이 경음 'ㄲ, ㄸ, ㅃ, ㅆ, ㅉ'으로 바뀌는 것이다. 경음화의 유형은 그것이 일어나는 환경에 따라 다음과 같은 네 가지 유형으로 분류한다(김성규·정승철, 2005:160).

① 평폐쇄음 뒤에서의 경음화
② 동사나 형용사 어간의 말음 'ㄴ, ㅁ' 뒤에서의 경음화
③ 관형형 어미 '-을/ㄹ' 뒤에서의 경음화
④ 한자어에서 'ㄹ' 뒤 'ㄷ, ㅅ, ㅈ'의 경음화

여기서 살펴보고자 하는 것은 곡용과 활용에서의 경음화이므로 형태소 내부에서의 경음화인 '한자어에서의 경음화'는 보류하기로 한다. 이 지역어에서 확인되는 경음화의 양상은 다음과 같다.

(6) ㄱ. 밥뚜(밥+-두, 飯), 책뚜(책+-두, 冊), 꼭까(꽃+-과,

花), 녹뿌터(녹＋ -부터, 銹)
　ㄴ. 끅꾸(끗- ＋ -구, cf. 끗어라, 끗으무, 劃), 운찌(웃- ＋ -
　　지, 笑), 뻗짜무(뻣- ＋ -자무, cf. 뻣어라, 뻣으무, 脫)
　ㄷ. 감따(감- ＋ -다, cf. 감아서, 감아라, 閉), 삼짜구(삶- ＋
　　-자구, cf. 삶아서, 삶아라, 煮), 싱꾸(신- ＋ -구, cf. 신어
　　서, 신으이, 着), 넝꾸(넘- ＋ -구, cf. 넘어서, 넘짜, 越)
　ㄹ. 만씀두(많- ＋ -습두, cf. 만쿠, 많습데, 多), 올씁떼(옳
　　- ＋ -습데, cf. 옳아두, 옳은데, 可),
　ㅁ. 먹을 꺼(먹을 거), 갈 꺼(갈 걸), 잘 쌔(잘 사이), 죽을찌
　　두(죽을지도)

경음화는 곡용과 활용의 경우 모두 활발하게 나타났다.

(6ㄱ)은 곡용에서의 경음화 양상이다. 곡용 어간이 'ㅂ, ㄷ, ㄱ'
을 말음으로 가지면 1차적으로 후행하는 조사의 자음을 경음화시
킨다. 곡용 어간이 'ㅌ, ㅅ, ㅈ, ㅊ'와 같은 자음을 말음으로 가지
고 자음으로 시작되는 후행하는 조사와 연결될 때는 그 어간에서 1
차적으로 평폐쇄음화가 일어나며 2차적으로 경음화가 일어난다.
'꼭꽈' 같은 경우에는 1차적으로 '꽂 → 꼳'의 평폐쇄음화가 일어나
고 2차적으로 '꼳까'와 같은 경음화가 일어나며 연구개음화가 일어
날 수 있는 환경이기 때문에 '꼳까 → 꼭까'와 같은 연구개음화도
일어난다. 'ㄴ, ㅁ' 말음 어간 뒤의 경음화는 곡용에서는 나타나지
않았다.

(6ㄴ)은 활용에서의 경음화 양상이다. '끅꾸', '운찌'에서 보다시
피 용언 어간의 말음이 'ㄱ, ㄷ, ㅂ'이 아닌 폐쇄음일 경우에는 1
차적으로 평폐쇄음화가 일어나고 다시 경음화가 일어난다. 용언 어
간의 말음이 공명음을 포함한 자음군일 경우에는 1차적으로 자음

군단순화가 일어나고 다시 경음화가 일어난다.

(6ㄷ)은 용언 어간의 말음이 'ㅎ'을 포함한 자음군일 경우의 경음화이다. 이 경우에는 '많습데 → 만습데 → 만씁데'로, 우선 어간말 'ㅎ' 탈락을 경험하고 다시 경음화가 일어난 것이다. '많-'이 '-구'와 연결될 경우에는 '많구 → 많쿠 → 만쿠'로 우선 유기음화가 일어나고 다시 자음군 단순화가 일어난다.

이처럼 활용의 경우 경음화는 평폐쇄음 뒤에서의 경음화와 동사나 형용사 어간의 말음 'ㄴ, ㅁ' 뒤에서의 경음화가 활발하게 일어나고 있다.

(6ㄷ)은 관형형 어미 '을/ㄹ' 뒤에서의 경음화의 양상이다. 이것 역시 활용에서의 경음화로 한국어의 전반적인 특징과 일치하는 것이다.

4.1.4. 부사형 어미 '-아/어'의 교체

부사형 어미 '-어/아'의 교체 양상은 현대 한국어의 용언 활용에 유일하게 남아 있는 모음조화의 잔영을 보여 주기 때문에, 게다가 활음화, 모음탈락, 이중모음의 실현 등과 같은 일련의 음운현상과도 관련됨으로써 학자들의 많은 관심을 받아 왔다. 하여 방언에서의 공시음운론의 한 형태로도 많은 연구가 활발하게 진행되었다.

부사형 어미 '-아/어'의 교체 현상에 대한 연구는 그동안 많이 진행되어 왔다. 최명옥(1992, 1996), 배주채(1992, 1994), 곽충구(1994), 이승재(1997)에서 모두 음성모음 '우'로 끝난 일 음절 어간은 일반적인 모음조화 규칙에 따라서 음성모음인 부사형어미 '어'를 선택

하지만 이 음절 이하의 '우' 모음 어간은 모음조화 규칙이 여기에 적용되지 않고 표면적으로 양성모음 '아' 또는 음성모음 '어'가 일견해서 원칙 없이 선택된다는 것을 지적하였다. 부사형 어미 '아/어'의 교체가 점차 '어'로 바뀌어 가는 경향은 이 지역어에서도 나타나고 있음을 곽충구(1994)에서 밝힌 바 있다. 또한 김봉국(2004)은 이 지역어의 '어/아'의 교체양상에 대해 논의한 가장 최근의 연구이다. 여기서는 이 지역어의 모음들이 일정한 음운부류를 형성한다고 하면서 어간말 모음이 '애, 아, 오'이면 어미 '아'를 취하며, 어간말 모음이 '이, 에, 어'이면 어미 '어'를 취하고, 어간말 모음이 '으, 우, (이)'인 경우는 특정한 위치에서 중립모음의 성격을 띤다고 밝히고 있다.

이제 이 절에서는 선행연구를 바탕으로 이 지역어에서의 부사형 어미 '어/아'의 연결 양상을 살펴보기로 한다. 이 지역어의 용언의 활용에 쓰이고 있는 부사형 어미 '아/어'의 유형을 보면 연결어미에 '－어/아서', '－어/아두', '－어/아사', '－았 / 었－', '－어/아라' 등이 있는데 이런 어미들은 모두 동일한 음운론적 환경을 가지고 있다. 여기서는 '아/어'와 연결할 때의 음운현상에 대해 살펴볼 것이므로 '－아/어서'를 중심으로 살펴보고자 한다.

용언의 활용에서 부사형 어미 '어/아'의 연결은 어간 말음절의 말자음의 유무와 상관없이 주로 어간말 음절의 모음의 종류에 따라 그 양상을 달리하며 일부는 음절 수의 차이에 따라서도 그 양상이 달라진다. 더욱이 'ㅂ' 불규칙 용언에서는 동사와 형용사의 차이에서도 그 연결 양상이 약간 달리 나타난다. 따라서 우선 용언을 어간 말음절의 모음에 따라 분류하고 다시 일 음절 어간과 다음절 어간으로 나누어 같이 기술하고자 한다.

(7) ㄱ. 가서(가-＋-아서, 去), 감아서(감-＋-아서, 捲),
　　　 짬아서(짬-＋-아서, 鹹)
　　　 서서(서-＋-어서, 立), 널어서(널-＋-어서, 寬),
　　　 덥아서(덥-＋-아서, 熱)
　　　 와서(오-＋-아서, 來), 쫏아서(쫏-＋-아서, 剁)
　　　 처서(추-＋-어서→춰서→처서, 跳),
　　　 눕어서(눕-＋-어서, 臥)
　　　 써서(쓰-＋-어서→써서, 用), 끗어서(끗-＋-어서, 劃)
　　　 게서(기-＋-어서, 爬), 싫어서(싫-＋-어서, 洗),
　　　 밉아서(밉-＋-아서, 厭)
　　　 메서(메-＋-어서, 瞎), 데서(되-＋-어서, 硬)
　　　 때서(때-＋-아서, 燒), 맵아서(맵-＋-아서, 辣)
　　　 쉐서(쉬-＋-어서, 伤)
　　ㄴ. 나서(낳-＋-아서, 産)
　　　 싸서(쌓-＋-아서, 積)

(8) ㄱ. 차갑아서(차갑-＋-아서, 凉), 재딸아서(재딿-＋-아
　　　 서, 摩), 오시랍아서(오시랍-＋-아서, 不安), 쓰겁아
　　　 서(쓰겁-＋-아서, 苦), 메스껍아서(메스껍-＋-아서,
　　　 惡心),
　　　 어즈럽아서(어즈럽-＋-아서, 脏)
　　　 새굴어서(새굴-＋-어서, 酸), 똘가서(똘구-＋-아서
　　　 → 똘과서 → 똘가서, 逐), 쉬와서(쉬우-＋-아서, 酵),
　　　 내굴어서(내굴-＋-어서, 辛)
　　　 개페서(개피-＋-어서, 淳), 앉헤서(앉히-＋-어서, 座),
　　　 아레서(아리-＋-어서, 疼)
　　　 보채서(보채-＋-아서, 闹)
　　ㄴ. 말개서(말갛-＋-아서, 明), 누레서(누렇-＋-어서,
　　　 黃), 허애서(허옇-＋-아서, 白)

예문 (7)은 1음절 어간에 부사형 어미 '-아/어'가 연결된 양상이
다. 1음절 어간에서는 다시 받침이 있는 경우와 없는 경우, 'ㅎ'을
말음으로 가진 경우로 나누었다. 'ㅂ' 규칙 활용을 제외하면 어간
이 양성모음 '아, 오, 애'일 경우에는 '아'가 연결되고 기타 음성모
음일 경우에는 '어'가 연결된다. 이 지역어에서 'ㅂ' 활용은 중부방
언과 달리 규칙활용을 한다. 'ㅂ' 활용은 위의 것들과 달리 특이하
게 실현되는데 부사형 어미와의 연결에서 대부분의 경우 '-아'가
쓰임을 발견할 수 있다. 간혹 '눕어서'에서처럼 '-어'가 연결되는
수도 있는데 어간말 모음이 '이, 으'이면 '어'가 연결되는 것이 일
반적이고 어간말 모음이 '오, 아'이면 '-아'가 연결된다.[102] (7ㄴ)
에서처럼 'ㅎ'을 어간 말음으로 가진 용언은 1차적으로 'ㅎ'가 탈
락하면서 성조변화를 수반하고 다시 부사형 어미와 연결되는 경우
에는 'ㅎ'가 탈락한 후의 어간의 모음을 보면 알 수 있다.

예문 (8)은 2음절 및 그 2음절 이상의 어간에 부사형 어미 '아/어'
가 연결된 양상이다. 역시 받침이 있는 경우와 없는 경우, 'ㅎ'을
말음으로 가진 경우로 나누어 그 양상을 살펴본다. 어간말 모음이
'오, 우, 이'인 경우를 제외하면 1음절 어간의 경우와 마찬가지로
부사형 어미가 연결될 때 양성모음에는 양성모음이, 음성모음에는
음성모음이 충돌될 당시에는 그중 하나가 탈락하면서 성조변화를
동반한다. (8ㄱ)의 '내굴어서'는 김봉국(2004)의 경우 '내굴아서'로
나타나고 있으며 이에 대해 선행 시기에 모음조화가 현재까지 유
지되면서 어간의 '우'가 중립모음 역할을 하여 이에 선행하는 모음

---

102) 채옥자(2002:124)에서는 'ㅂ' 규칙 활용의 경우 '-아/어'의 선택이 수의적일 수도 있다
고 하였는데 필자가 조사한 지역에서는 '밉어서'가 '밉아서'로 실현되는 등 약간의 차이를
보이고 있었다.

'애, 아'에 영향을 받았기 때문인 것으로 보고 있다. 실제 조사된 이 지역에서는 '내굴어서'로 나타나고 있어 모음조화의 유지가 현재에 이르러서는 수의적으로 된 것으로 볼 수 있겠다.

논의에서 어간의 음절 수에 따라 분류하고 그 어간에 부사형 어미 '-아/어'가 연결되는 양상을 살폈지만 결국 '-아/어'의 선택은 'ㅂ' 불규칙 용언을 제외하면 음절 수의 영향을 받는 것이 아니라 어간말 모음의 영향을 받는다는 결론을 얻게 되었다. 또한 기원적으로 'ㅸ'을 어간말에 가지고 있었던 어간들은 특이한 양상을 보이고 있었다. 즉 2음절 이상의 어간일 때 항상 어미 '-아'를 취한다는 것이다.

4.1.5. 원순모음화

원순모음화는 어떠한 조건 아래에서 비원순모음이 원순모음으로 교체되는 음운현상이다. 원순모음화에는 두 가지가 있다. 즉 선행 모음 '우'에 영향을 받아 원순모음화가 일어나는 모음에 의한 원순모음화와 선행 양순음에 영향을 받는 자음에 의한 원순모음화이다. 이 지역어에서 곡용과 활용에 나타나는 모음에 의한 원순모음화의 예는 다음과 같다.

> (9) ㄱ. 죽울르(죽+-을르, 粥), 술우(술+-으, 酒), 문우(문+
>   -으, 門)
>   ㄴ. 눅우무(눅-+-으무, 눅으면, 泥), 죽울라(죽-+-을
>   라, 죽으러, 死),
>   묻우이(묻-+-으이, 묻으니, 埋, 沾), 묵우무(묵-+
>   -으무, 묵으면, 余)

위의 예문 (9ㄱ)는 곡용에서, (9ㄴ)는 활용에서의 원순모음화 양상이다. 원순모음화는 '우' 말음 체언 뒤에 '-으'로 시작되는 조사가 연결될 때나, '우' 말음 어간 뒤에 '-으'로 시작되는 어미가 연결될 때 나타난다. 같은 원순모음이더라도 '오' 말음 체언이나 용언 뒤에서는 원순모음화가 나타나지 않는다.[103] 이 지역어의 경우에도 '오' 말음 체언이나 용언 뒤에서의 원순모음화의 예는 찾아볼 수 없었다. 그러나 '오'가 말음이 아니고 양순음이 말음인 체언과 용언 뒤에서는 원순모음화가 나타난다. 즉 자음에 의한 원순모음화이다.

이 지역어에서 확인된 자음에 의한 원순모음화의 양상은 다음과 같다.

(10) ㄱ. 춤우(춤+-으, 唾), 곱우누(곱+-으느, 肥肉)
　　 ㄴ. 칩우무(칩-+-으무, 冷), 굽우무(굽-+-으무, 烤),
　　　　 씹우이(씹-+-으이, 씹으니, 咬), 아깝우무(아깝-
　　　　 +-으무, 惜), 짚우무(짚-+-으무, 深)

(10ㄱ)은 곡용의 예이고 (10ㄴ)은 활용의 예이다. 'ㅁ, ㅂ, ㅍ' 말음 체언이나 용언 어간 뒤에 '-으'로 시작되는 조사나 어미가 연결될 때 '으'는 '우'로 바뀐다. 한성우(2006:145)에서는 연결되는 어미가 '-으문'인 경우는 후행하는 '문'의 영향도 함께 입어 원순모음화가 활발하게 일어남을 밝히고 있다. 이 지역어의 경우는 'ㄴ'이 탈락한 형태인 '으무'로 나타나지만 역시 후행하는 '무'의 영향을 받은 것으로 볼 수 있다. (10ㄱ)의 '곱우누'은 체언 어간의 모음

---

103) 채옥자(2002) 참조 바람.

이 '오'이지만 말음이 'ㅂ'로 양순음이기 때문에 자음에 의한 원순모음화가 일어난다. 이로부터 자음에 의한 원순모음화는 모음의 영향을 받지 않음을 알 수 있다. 이러한 원순모음화는 모두 자연발화에서만 나타나는 수의적인 현상이다.

4.1.6. 움라우트

움라우트는 뒤에 오는 전설모음 '이'나 활음 'j'의 영향을 받아 후설모음 '아, 어, 오, 우, 으'가 각각 전설모음 '애, 에, 외, 위, 이'로 바뀌는 현상을 가리킨다. 움라우트는 역행동화이면서 간접동화의 하나이기도 하다(김성규·정승철, 2005:212).

한국어 음운사상에서 움라우트 현상이 가지는 중요성은 한국어 모음체계의 변화와 관련이 있다는 점으로부터 많은 관심의 대상이 되어 왔다. 이숭녕(1935)에서부터 시작된 움라우트의 음운론적인 기제를 밝히고 체계화하려는 노력에서부터 이숭녕(1954)의 움라우트가 음운사에 부여하는 의미에 대한 파악, 김완진(1963/1971), 이병근(1970)에 이른 움라우트 현상에 대한 구체적인 여러 가지 제약조건과 모음체계와의 유기적인 관계에 대한 해석에 이르기까지 움라우트에 대한 연구가 활발히 이루어지기 시작했다. 최전승(1986)에 와서 움라우트 현상의 본질과 통시론적 전개과정에 대해 정밀하게 기술하기에 이르렀고 최명옥(1988, 1989)에서는 움라우트 현상이 통시론적인 현상이라는 것과 개재자음의 제약조건에 대한 새로운 해석을 기술하였다. 이와는 달리 채옥자(2000, 2002)에서는 중국 연변지역 한국어의 경우에 있어서 움라우트는 공시론적으로 생산적인 음운현상임을 밝히고 있고 움라우트를 연변 지역 한국어의 모음체계와 관련지어 자세히 다루었다. 이러한 선행연구를 바탕으로 곡용과 활용이라는 형태론적 조건하에서의 실현 양상에 대해 살펴보고자 한다.

> (11) ㄱ. 찜이(쫌＋－이, 隙), 벰이(범＋－이, 虎), 겝이(겁－＋
>   －이, 膽),
>   눈쎕이(눈썹＋－이, 眉), 쌤이(쌈＋－이, 包), 섹이(속
>   ＋－이, 里),
>   셈이(섬＋－이, 懂事), 범벡이(범벅＋－이, 亂)
>   ㄴ. 뱁이다(밥＋－이다, 飯), 맴이다(맘＋－이다, 心)

예문 (11ㄱ)은 곡용에서의 움라우트 양상이다. (11ㄴ)에서처럼 계사 '이'로 시작하는 경우를 제외하면 '－이'로 시작되는 어미가 존재하지 않기 때문에 활용에서의 움라우트는 확인되지 않았다. 기존의 연구서들에서도 밝혔듯이 움라우트가 실현되려면 동화주 앞에 'ㅂ, ㅍ, ㅃ, ㅁ'와 같은 양순음이나 'ㄱ, ㅋ, ㄲ, ㅇ'와 같은 연구개 자음이 개재자음의 위치에 놓여야 한다. 그럼에도 '나비, 거미, 모기'와 같은 단어들은 움라우트 실현의 조건을 모두 갖추고 있음에도 움라우트를 겪지 않은 것은 한국어의 움라우트가 현재까지 강력한 영향을 미치고 있는 현상이 아니라 역사적 현상이었던 데에서 연유하는 것으로 보고 있다.[104] 이 지역어의 경우 움라우트의 조건을 만족하면 그 생명력을 유지하고 움라우트가 일어난다. 다만 이 지역어의 경우에도 노년층의 말에서 자주 발견될 뿐 젊은 층에

---

104) 김성규·정승철(2005:217) 참조.

서는 점점 잊혀 가고 있는 편이다. 이처럼 언어 사용의 계층이 제한되어 있더라도 공시적으로 생산성[105]이 있으므로 이 지역어에서는 공시적 음운현상이라고 보는 것이 타당하다고 생각된다.

4.1.7. 활음화

활음화는 단모음이 활음으로 바뀌는 현상이다. 하나의 음절을 이루고 있던 노음이 다른 음절의 일부가 되어 음절 하나가 술어늘므로 비음절화라고도 한다(김성규·정승철, 2005:228). 음절의 교체가 아닌 음운의 교체를 논하는 이 연구에서는 활음화라는 용어를 쓰기로 한다.

한국어의 활음은 조음상 모음과 비슷하지만 기능상 자음과 비슷하여 모음적인 자질도 없고 자음적인 자질도 없는 과도음으로서 모음과의 차이는 성절성 자질의 여부에 있는 것으로 반드시 단모음과 연결하여 이른바 이중모음을 이루면서 하나의 음절을 형성할 수 있다. 이로부터 활음화현상은 이중모음체계와 밀접한 관계를 가지고 있음을 어렵지 않게 알 수 있다. 송철의(1995)에서는 활음화와 이중모음체계와의 관계에 있어서 활음화의 결과로 될 이중모음이 그 언어의 이중모음목록으로 존재할 경우에만 활음화가 가능하다고 했다. 또한 활음화는 그로 인한 모음충돌을 회피하기 위한 음운현상이다. 모음충돌이란 한 형태소 내부에서나 형태소의 경계에서 비성절음이 중간에 개재됨이 없이, 두 개의 성절음이 나란히 만나 모음끼리 연결하는 현상이다. 이러한 성절음의 연속은 조음상으

---

105) 제보자의 경우 움라우트가 실현될 수 있는 조건을 갖춘 체언을 확인한 후 주격 조사 '－이'를 연결하게 해 본 결과 움라우트가 적용된 발음으로 하려는 경향이 강했다.

로나 청각상으로 부자연스럽고 매우 불안정한 구조이기 때문에 많은 언어들에서 형태론상, 의미론상 지장이 생기지 않는 범위 내에서 극력 배제하려는 경향이 있게 된다.[106] 활음화도 바로 이 경우에 일어나는 것이다.

활음화에 대한 연구는 김완진(1972), 김진우(1976), 이병근(1970, 1975), 이병건(1976)에 이르기까지 용언 어간에서만 일어나고 체언 어간에서는 일어나지 않는 형태론적 범주에 따른 제약을 받는다고 논의되어 왔다. 이들 논의 모두 중부방언을 대상으로 했다는 점에서 문제점을 내재하고 있었다. 유재원(1985)에서 현대어의 모음충돌 회피현상을 규칙화하는 작업을 시도하면서 활음화 현상을 규칙화하는 데는 형태소 경계표지나 통사론적 표지가 필요하지 않음을 지적하였고 곽충구(1991)에 이르러서야 활음화가 용언의 활용에서 이루어지는 것이 일반적이지만 육진 방언에서는 체언의 곡용에서도 이루어지고 있다는 것을 밝혔다.

이 지역어의 활음화에 대해서는 곽충구(1991)와 채옥자(1999, 2002)에서 자세히 논의한 바 있지만 전체 육진 지역과 연변 지역을 대상으로 이루어졌으므로 한 지역만을 대상으로 한 이 연구에서도 같은 양상으로 나타날지 확인해 볼 필요가 있다고 생각했다. 활음에는 전설의 'j'와 후설의 'w'가 있는데 논의의 편의상 '이'의 활음화와 '오/우'의 활음화로 나누어 기술하고자 한다.

4.1.7.1. '이'의 활음화

중부방언에서 '이' 말음 개음절 어간과 '-어'로 시작되는 부사형 어미가 연결될 때 모음 '이'가 'y'로 된 후 '-어'로 시작되는 부사형 어미와 연결되어 '여'로 실현되는 변화가 나타나는데 이 연결에서 발생한 모음충돌을 회피하기 위해 모음 '이'를 같은 위치의 활음 'y'로 바꾸어 부사형 어미가 축약되는 변화가 일어난다(김성규·정승철, 2005:229). 방언마다 '이'의 활음화가 확인되지만 그 양상은 조금씩 다르다. 활음화는 단음절 어간과 다음절 어간인 경우 형태음운과정에서 차이를 보이기 때문에 단음절 어간과 다음절 어간인 경우를 구분하여 파악하고자 한다. 이 지역어에서의 활음화 양상은 다음과 같다.

(12) ㄱ. 에라(이- + -어라, 戴)
　　　게라(기- + -어라, 匍腹)
　　　께서(끼- + -어서, 夢)
　　　베서(비- + -어서, 空)
　　　펬다(피- + -었다, 開)
　　　떼라(띠- + -어라, 戴)
　　ㄴ. 매에라107)(매이- + -어라, 飮)
　　　비베두(비비- + -어두, 搓)
　　　디데라(디디- + -어라, 踏)
　　　겐데서(겐디- + -어서, 忍)
　　　고체서(고치- + -어서, 改)
　　　엉케서(엉키- + -어서, 混)
　　　이게라(이기- + -어라, 勝)

---

107) '매이다'는 '마시다'의 방언형인데 기원적으로 '마ᅀᅵ다'이던 것이 'ㅿ'이 탈락하여 '마이다'로 되었다가 형태소 내부에서 움라우트가 일어나 '매이다'로 된 것으로 보인다.

가레라(가리 - + - 어라, 選)

두베서(두비 - + - 어서, 搜)

시케두(시키 - + - 어두, 使)

까세라(까시 - + - 어라, 冲)

개에서(개이 - + - 어서, 摺)

소베서(소비 - + - 어서, 揷)

ㄷ. 겅제서(겅지 - + - 어서, 撈)

가제라(가지 - + - 어라, 持)

어제서(어지 - + - 어서, 善)

바체두(바치 - + - 어두, 獻)

동제서(동지 - + - 어서, 捆)

ㄹ. 엎어저서(엎어지 - + - 어서, 趴)

넘어저서(넘어지 - + - 어서, 倒)

(12ㄱ)은 어간 말음절의 초성이 치경구개음이 아니면서 단음절 어간인 경우이다. 이병근(1978), 최명옥(1982)에서는 음절초 자음이 'ㅈ, ㅉ, ㅊ'와 같이 치경구개음으로 시작하는 경우 활음 y와 치경구개음의 조음위치가 같기 때문에 활음화가 일어나고 다시 활음탈락이 일어난다는 것을 밝혔는데 이 지역어의 경우에도 1차적으로 활음화가 일어나고 2차적으로 활음탈락이 일어난다. '에라'를 예로 들면 '이' 활음화의 과정은 '이어라→여라→에라'와 같다.

(12ㄴ)은 어간 말음절의 초성이 치경구개음이 아니면서 2음절 이상 어간인 경우이다. (12ㄷ)는 어간 말음절의 초성이 치경구개음이면서 2음절 이상 어간인 경우이다. 두 경우 모두 활음화가 활발하게 일어나고 있었는데 이는 2음절 어간의 경우 활음화의 실현이 어간말 음절의 초성에 영향을 받지 않는다는 것을 알 수 있다. 이 점은 채옥자(2002)에서 밝힌 연변 지역 한국어의 경우와 다르다고

할 수 있다. 전반적인 연변 지역 한국어의 '이' 활음화가 선행자음과 관계없이 필수적으로 적용되는 특징 외에 이 지역어의 경우에는 음절 수의 영향도 받는 것으로 나타났다. 김성규·정승철(2005)에서도 지적하고 있듯 '이' 활음화에서 어간의 음절 수는 변동 양상의 차이를 불러일으키는 중요한 요소가 된다. 2음절 이상 어간의 경우에 '이' 활음화가 일어날 수 있는 환경임에도 이 지역에서는 활음화가 일어나고 다시 활음탈락이 일어난다.

(12ㄹ)은 다음절 어간인 경우인데 이 경우에도 우선 활음화가 일어나고 다시 활음탈락이 일어났다. 이 부분에 대해서는 활음탈락 부분에서 다시 자세히 다루도록 할 것이다.

이 밖에 한성우(2006)에서는 이중모음 '위'를 어간 말음으로 가지는 용언도 '이' 말음 어간과 마찬가지의 활용양상을 보인다는 점을 지적하고 있다. '위' 말음 어간은 음운론적으로는 이중모음 '위'이지만 음성적으로는 단모음 [ü][uy]으로 발음되기도 하기 때문에 활용에서는 [wi]와 동일한 모습을 보여 주는 것으로 활음화가 일어나는 것이 당연한 일이라고 하였다. 한성우(2006)에서 지적한 이중모음 '위'를 어간 말음으로 가지는 용언의 활음화는 이 지역어의 경우 '이' 활음화가 아닌 '오, 우' 활음화로 나타나고 있다.[108]

일반적으로 활음형성 규칙은 용언 어간에서만 실현되며 형태론적 범주화가 필요한 규칙이다. 그러나 곽충구(1994), 채옥자(2000, 2002)에서도 이미 지적했듯이 이 지역어의 경우에는 어간말 모음이 '이'로 된 체언에 '-에'로 시작되는 조사가 연결되면 용언의 경우와 마찬가지로 활음화가 일어난다는 것이다.

---

108) 이 부분에 대해서는 4.1.7.2. '오, 우'의 활음화 부분을 참조.

(13) ㄱ. 잔더레(잔더리＋－에(잔등))
     모가제(모가지＋－에(목))
     정제서(정지＋－에서(큰방))
     불게다(불기＋－에다(상추))
 ㄴ. 주먼제다(주먼지＋－에다(주머니))
     속까베(속까비＋－에(고쟁이))
     눈떼베(눈떼비＋－에(눈두덩))
     신다레(신다리＋－에(허벅지))
     돌째게(돌째기＋－에(돌))

(13ㄱ, ㄴ)은 곡용에서의 활음화 양상이다. 1음절 어간인 체언의 경우에서는 활음화의 양상을 찾아볼 수 없었다. (13ㄱ)는 '이' 말음 2음절 어간과 '－에'로 시작하는 조사가 연결된 경우인데 이때 활음화가 일어난다. 이때의 활음화는 채옥자(2002)에서 해석한 보상적 장모음화를 수반한다는 설명보다는 활음화가 일어난 후 다시 활음탈락이 일어난다는 설명이 더 타당해 보인다. (13ㄴ)은 3음절 체언 어간에 '－에'로 시작되는 조사가 연결된 경우이다. 이 경우에도 우선 활음화가 일어나고 다시 활음탈락이 일어난다. '잔더레'를 대표적으로 기술한다면 '잔더리＋－에'→'잔더례'→'잔더레'로 활음화, 활음탈락의 과정을 거친 것이다.

4.1.7.2. '오, 우'의 활음화

'오'나 '우'로 끝나는 동사나 형용사 어간 뒤에 '아'나 '어'로 시작하는 어미가 연결되면 어간 말음이 단모음('오, 우')에서 활음('w')으로 바뀐다. 여기서 모음 '오, 우'를 같은 위치의 활음 'w'로 바꾸어 부사형 어미와 축약되는 변화가 일어나는 것은 역시 모음충돌을 회피하기 위한 방법이다(김성규·정승철, 2005:231). '오, 우'의 활음화 양상에 대해서는 우선 어간의 음절에 따라 1음절, 2음절, 다음절 어간으로 나누고 다시 '오' 말음 어간과 '우' 말음 어간으로 나누어 살펴보고자 한다.[109]

    (14) ㄱ. 와서(오- + -아서)
          바서(보- + -아서)
          꽈라(꼬- + -아라)
      ㄴ. 꿔라(꾸- + -어라)
          눠라(누- + -어라)
          줘라(주- + -어라)

예문 (14)는 1음절 어간의 활음화를 보인 예이다. (14ㄱ)는 어간 말음절 모음이 '오'인 경우이고 (14ㄴ)는 어간 말음절 모음이 '우'인 경우이다.

    (15) ㄱ. 데와서(데우- + -아서, 焯)
          태와서(태우- + -아서, 烧)
      ㄴ. 똘가서(똘구- + -아서, 逐)
          바까서(바꾸- + -아서, 換)
          쫄가서(쫄구- + -아서, 縮)

예문 (15)는 2음절 어간의 활음화 양상이다. (15ㄱ)는 어간 말음절이 음절 두음을 가지지 않는 경우이고 (15ㄴ)는 어간 말음절이 음절 두음을 가진 경우이다.

---

[109] 활음화의 형성에 참여하는 '아'와 '어'의 선택조건은 "4.1.4. 부사형 어미 '-아/어'의 교체" 부분에서 자세히 설명했으므로 참조.

(16) 쉤다(쉬 - + - 었다, 餿, 休)
     줴서(쥐 - + - 어서, 執)
     뛔댕기다(뛰 - + - 어댕기다, 跳)

위에서 잠깐 언급했지만 한성우(2006)에서 지적한 '위'를 어간말
모음으로 가지는 용언의 활음화는 의주방언이나 중부방언의 경우에
는 '이' 활음화로 나타났지만 이 지역어의 경우에는 '우' 활음화로
나타나고 있어 흥미롭다. 채옥자(2002)에 의하면 이는 이중모음 'wi'
에 어미 '어'가 연결되는 경우 '여'로 활음화된 후에 '여>에'의 축약
규칙이 적용된 결과 결국 이중모음 'we'로 실현된다는 것이다.[110]

4.1.8. 완전순행동화

어미의 첫 음소 '으'가 어간말 모음소와 동일하게 되는 것은 완
전순행동화라고 한다. 음장방언의 경우 형태소 경계를 전후하여 한
두 개의 동일 모음소 중 하나가 탈락되거나 어간 뒤에서 어미의
'으'가 탈락된다. 이러한 모음소 탈락이 일어나는 경우에는 모음소
가 장음으로 실현되지 못하기 때문에 모음탈락이 일어나지 않고
어미초의 '으'가 그 앞의 어간 모음소와 동일하게 되는 음운과정을
거친 뒤에 실현된다(최명옥, 2004:99 - 102). 전학석(1993), 곽충구
(1994), 김차균(1996), 김영만(1997), 최명옥 외(2002) 등의 논의에서
이 지역어는 성조소가 변별적인 기능을 가지는 성조방언임을 지적

---

110) 곡용과 활용에서의 '이', '오, 우' 활음화 외에 이 지역어에는 용언 활용에 포함될 수는 없
지만 용언에 연결되어 부정문을 형성하는 부정어미 ' - 지'의 활음화도 보이고 있다.
가지 않구>가쟁구>가재쿠많지 않다> 많쟁다>만채타보지 않구>보쟁구>보재쿠
부정문을 만드는 ' - 지'와 연결할 때 활음화와 함께 성조변화가 일어난다. 위의 예문에서
밑줄 친 부분은 활음화된 음절인데 이들의 성조는 모두 'ㅠ'로 나타난다.

했다. 따라서 성조방언의 경우에는 이 과정에서 뒤에 있는 음소를 구성하는 자질이 그 앞의 음소를 구성하는 자질의 영향으로 그와 동일하게 되는 동시에 성조변화가 일어난다. 따라서 이 지역어의 경우 어간에 '으'로 시작되는 조사나 어미와 연결될 때 성조변화를 수반하는 경우 완전순행동화로 보고 기술한다. 만약 이를 완전순행동화로 보지 않고 어미초 모음이 탈락하는 것으로 기술한다면 표면형에 나타나는 장음을 제대로 설명할 수 없게 된다(임석규, 2006: 1169).

이 지역어에서의 완전순행동화의 양상은 다음과 같다.

(17) ㄱ. 장마다(ᄃ) 아이 가겠소? (시장을 안 가겠소?)
         공작(ᄃ) 청보르111) 하무 좋슴다. (공장을 도맡아 하면
         좋습니다.)
     ㄴ. 줄루재 지내 크(ᄃ)꾸마. (깔때기가 너무 큽니다.)
         코오 가제 가지 맘(ᄃ)소. (콩을 가져가지 마시오.)
         장마다에서 파(ᄃ)꾸마. (시장에서 팝니다.)
         언제 감(ᄃ)두? (언제 갑니까?)
         학고서 머(ᄃ)까? (학교에서 멀까?)
     ㄷ. 땐스 소리르 자꾸 높으게 하(ᄃ)이 더 못 듣지. (텔레비
         전 볼륨을 자꾸 높게 하니 더 못 듣지.)
         집에서 노(ᄃ)이 심심하다. (집에서 노니 심심하다.)
         집에서 학고 머(ᄃ)이까 쟁고에다 실어다준다. (집에서
         학교가 머니까 자전거에다 태워다 준다.)

예문 (17ㄱ)은 모두 곡용에서 완전순행동화가 일어난 예들이다.
'장마다'는 'ㅇ'을 어간 말음으로 가진 체언 어간 '장마당'에 '-으'

---

111) '청보'는 도맡아 한다는 뜻의 중국어 '承包'를 차용한 것이다.

로 시작되는 조사가 연결된 경우이다. 이 경우에는 우선 형태소 경계에서 어간말 'ㅇ' 탈락을 경험한다. 'ㅇ' 탈락을 경험하여 '장마다'로 된 후 다시 '-으'와 연결되는데 이때 '-으'가 어간말 모음 '아'에 동화되면서 성조변화가 일어난다. '공자'도 마찬가지의 음운 과정을 거친 것이다.

예문 (17ㄴ), (17ㄷ)은 모두 활용에서 완전순행동화가 일어난 예들이다. (17ㄴ)은 '-으'로 시작되는 종결어미와 어간이 연결된 것이고 (17ㄷ)은 '-으'로 시작되는 연결어미와 어간이 연결된 것이다. '크꾸마'는 '크-'에 '-읍구마'가 연결된 것인데 어미초 '-으'가 어간말 '-으'에 완전순행동화한 것이다. '맙소'는 'ㄹ' 말음 용언 어간에 '-읍소'가 연결된 것인데 이 경우에는 우선 어간말 'ㄹ' 탈락이 일어나고 다시 '-읍소'의 '-으'가 어간말 모음에 완전순행동화한 것이다. 기타 용례들은 모두 동일한 음운변화 과정을 겪은 것이다. 예문 (17ㄷ)의 '하이'는 '하-'에 '-으이'가 연결된 것인데 역시 어미초 '-으'가 어간말 모음에 완전순행동화된 것이다. '노이'는 'ㄹ' 말음 동사 어간 '놀-'에 '-으이'가 연결된 것인데 이 경우에는 형태소 경계에서 우선 어간말 'ㄹ' 탈락을 경험하고 다시 어미초 '-으'가 어간말 모음에 완전순행동화된 것이다.

4.1.9. 전설모음화

전설모음화는 자음에 의한 모음의 변화로 전설고모음화라고도 하는데 [+후설성]을 가진 '으'가 [-후설성]을 가진 '이'로 변화되는 음운현상으로 모음소 동화의 하위 부류에 속한다(최명옥, 2004:98).

이 지역어에서 확인된 전설모음화의 양상은 다음과 같다.

(18) 도일래(돈+ - 을래), 사일래(산+ - 을래)

　예문 (18)은 곡용에서 전설모음화가 일어난 예들이다. 변별적 자질로 전설모음화를 서술하면, '으'가 가진 변별적 자질인 [+후설성]으로 인해 일어난 것이 아니라 그 앞에 경구개음소가 가진 [-후설성]에 동화되어 일어난 것이다(최명옥, 1982·2004). 하지만 이 지역어의 경우 '으' 앞에 경구개음소가 아닌 치조음소가 나타날 경우에 전설모음화가 일어난다. '도일래'는 '돈+ - 을래'→'돈을래'→'돈일래'→'도일래'로 전설모음화, 어간말 'ㄴ' 탈락을 겪은 것이다. '사일래'는 '도일래'와 마찬가지의 음운과정을 거친 것이다.

4.2. 첨가

　음운첨가는 없던 소리가 삽입되는 현상으로 한국어의 대표적인 첨가 현상에는 'ㄴ' 첨가와 활음첨가가 있다. 활음첨가는 특정 모음들 사이에 활음이 첨가되는 현상을 가리킨다. 전설모음으로 끝나는 어간에 어미 '-어'가 연결되었을 때 그 사이에 활음 '이'가 첨가되는 '이' 첨가와 후설원순모음 '오, 우'로 끝나는 어간에 어미 '-어/아'가 연결되면 그 사이에 활음 'w'가 수의적으로 첨가되는 'w' 첨가가 있다(김성규·정승철, 2005:261). 활음 '이'의 첨가는 4.1.7.1에서 확인했다시피 활음화가 이루어진 다음 다시 활음탈락

이 일어나므로 이 지역어의 곡용과 활용에서 확인된 'w' 활음첨가
의 양상에 대해서 살펴보기로 한다.

　　(19) 좋와서(좋- + -아서, 好)
　　　　고와서(고- + -아서, 熬)

이 지역어에서도 'w' 활음 첨가는 '오, 우'의 활음화와 상보적 관
계를 이룬다.[112]

4.3. 탈락

음운탈락은 원래 있었던 소리가 삭제되는 현상이다. 한국어의 탈
락 현상에는 자음군단순화, 'ㅎ' 탈락, 어간말 '으' 탈락, 동모음탈
락, 활음탈락 등이 있다(김성규·정승철, 2005:235). 이 지역어의
곡용과 활용에서 나타나는 탈락으로는 자음군단순화, 'ㅎ' 탈락,
'ㄹ' 탈락, 'ㄴ' 탈락, 어간말 '으' 탈락, 어미초 '으' 탈락, 어미초
'아/어' 탈락, 어미초 '이' 탈락 등이 있다.

4.3.1. 자음군단순화

자음군단순화는 자음들의 연쇄가 음절말에 오게 될 경우 줄어들
어 단순하게 되는 현상을 이른다. 다시 말하면 자음군이 음절 종성
에 위치할 때 그러한 자음 연쇄에서 하나의 자음이 떨어지는 현상

---

112) 한성우(2006:165) 참조.

이라는 것이다(김성규·정승철, 2005:236).

한국어에서 모음 사이에는 두 개의 자음만이 올 수 있고 휴지 앞에는 하나의 자음만이 올 수 있다. 따라서 곡용이나 활용 시 자음군을 말음으로 가지는 형태소가 자음으로 시작되는 어미와 연결되거나 휴지 앞에 놓일 때 하나의 자음만 발음되는 자음군단순화는 필수적으로 일어난다. 현대어의 공시론적인 자음군단순화에서는 방언에 상관없이 후행자음이 탈락하는 것이 일반적이다. 다만 'ㄹ'을 선행하는 자음군단순화에 있어서는 방언 차이를 상당히 보이고 있다(이병근, 1975). 그리고 체언의 경우, 용언에 비하여 상대적으로 자립성이 강하여 음절말 위치에서 자음군을 피하는 이형태로 많이 굳어진다. 자음군단순화가 일어나는 경우는 단어경계 앞에서의 어간말 자음군의 단순화, 자음으로 시작하는 어미 앞에서만 일어나는 자음군단순화, '으'로 시작되는 어미가 어간말의 'ㄹ'에 의해 그 '으'가 탈락한 다음에 중간구조로서 자음군이 형성되었다가 다시 단순화가 이루어지는(이병근, 1981) 세 가지 경우가 있는데 본 논의에서 주목하고자 하는 것은 곡용과 활용에서의 자음군단순화이므로 두 번째와 세 번째 유형을 중심으로 살펴볼 것이다. 이 지역어에서 확인된 자음군단순화의 양상은 다음과 같다.

    (20) ㄱ. 갑뚜(갑ㅆ＋－두, cf. 갑씨, 갑쓸, 價)
           목뚜(목ㅆ＋－두, cf. 목씨, 목쓰, 分)
           흑뚜(흙＋－두, cf. 흙이, 흙으, 土)
           닥뚜(닭－＋－두, cf. 달그, 달기 鷄)
       ㄴ. 안쏘(앉－＋－소, cf. 앉아서, 앉으이, 坐)
           언쏘(엱－＋－소, cf. 엱어서, 엱으이, 攔)

막꾸(맑 - + - 구, cf. 막찌, 말가서, 말구무, 淨)
박꾸(밝 - + - 구, cf. 박찌, 밝우무, 밝아두, 明)
익꾸(읽 - + - 구, cf. 익찌, 읽어두, 읽어서, 讀)
묵꾸(묽 - + - 구, cf. 묵찌, 묽어두, 묽어서, 稀)

상꾸(삼ㅁ - + - 구, cf. 삼마서, 삼무무, 烹)113)
옹꾸(옮 - + - 구, cf. 옮아서, 옮우무, 遷)

뚤꾸(뚧 - + - 구, cf. 뚭찌, 뚤버서, 뚤부메, 貫)
볼꾸(볿 - + - 구, cf. 봅찌, 볿아두, 볼브까바, 踏)
텁꾸(턻 - + - 구, cf. 텁찌, 털바두, 털브, 涩)
섭쏘(섥 - + - 소, cf. 섭찌, 섥아서, 섥아두,)
꿀구(꿀 - + - 구, cf. 꿀찌, 꿀어두, 꿀어서, 꿀짜구, 跪)

(20ㄱ)은 곡용에서 보이는 자음군단순화이다. 체언 어간말에서 자음군단순화가 일어날 때 탈락되는 자음은 중부방언과 약간의 차이를 보이고 있다.114)

(20ㄴ)은 활용에서 보이는 자음군단순화이다. '안쏘', '언쏘'에서 보다시피 'ㄹ'을 제외한 다른 자음을 선행하는 자음군단순화는 중부방언과 같은 양상을 보이고 있다. 하지만 이들을 제외한 기타 예문들은 모두 'ㄹ'을 선행하는 자음군단순화이다. 따라서 이들은 어간말 자음군인 'ㄼ', 'ㄾ', 'ㄻ', 'ㄺ' 네 부류로 나누어 살펴보고자 한다.115)

---

113) 채옥자(2002)에서 밝힌 데 의하면 '곪다', '굶다', '삶다' 등 어휘들이 부사형 어미 '아/어'와의 연결에서 '곰마서, 굼머서, 삼마서'로 실현되어 그 기본형이 'ㅁㅁ' 어간말 자음군을 가졌다는 것이다. 하지만 최명옥(1997)에서는 '삶-'이 밀강, 삼합, 회룡에서는 '삼ㅁ-'로 나타나지만 월청지역에서는 '삶-'으로 나타나고 있다고 보고되고 있듯이 지역마다 차이를 보이고 있었다. 이 지역어의 경우에는 '삶-'이 '삼ㅁ-'로 나타났다.

114) 곽충구(1994), 채옥자(2002)에서도 이미 밝혔듯이 이 지역어의 체언 어간말에서는 'ㄳ' 자음군이 발견되지 않는다. '삯'에 대한 방언형은 '싹'이고 '넋'은 '너거지 떨어질 뻔했다'에서처럼 '너거지'로 쓰이는 것이 일반적이다.

115) 어간에 자음군 'ㄶ'을 가지고 있는 '많소', '앓소'의 경우는 결과적으로는 경음화가 이루

‘막꾸’, ‘박꾸’, ‘익꾸’, ‘묵꾸’는 모두 어간말 자음군이 ‘ㄺ’인 경우이다. 후행하는 자음 ‘ㄱ’이 탈락하거나 선행하는 ‘ㄹ’이 탈락되기도 하는 수의적 교체를 보이는 중부방언과 달리 이 지역어에서는 모두 선행하는 ‘ㄹ’이 탈락되었다. 이는 곡용에서도 마찬가지이다. 따라서 어간말 자음군이 ‘ㄺ’인 경우에는 곡용과 활용에서 모두 선행하는 ‘ㄹ’이 탈락하여 ‘ㄱ’으로 되는 자음군단순화를 겪은 것으로 볼 수 있다.116) ‘옹꾸’, ‘당꾸’는 어간말 자음군이 ‘ㄻ’인 경우이다. 후행하는 선행하는 ‘ㄹ’이 탈락하고 다시 연구개음화를 일으킨 것이다. 마지막은 어간말 자음군이 ‘ㄼ’인 경우이다. ‘뜳-’과 ‘붋-’은 ‘ㄱ’를 제외한 기타 자음으로 시작하는 어미와 연결될 때는 선행하는 ‘ㄹ’이 탈락하고 ‘ㄱ’으로 시작하는 어미와 연결될 때는 후행하는 ‘ㅂ’이 탈락되었다. ‘뎗-’과 ‘섌-’은 연결되는 어미의 자음과 상관없이 선행하는 ‘ㄹ’이 탈락되었다. 이와는 달리 체언의 곡용에서는 ‘ㄼ’ 어간을 가진 체언의 경우 선행하는 ‘ㄹ’이 탈락되었다. 이처럼 어간말 자음군이 ‘ㄼ’인 경우에는 자음군단순화의 양상이 불규칙적인 것으로 드러났다.

4.3.2. ‘ㅎ’ 탈락

‘ㅎ’ 탈락은 공명음과 공명음 사이에서 후음 ‘ㅎ’가 탈락하는 현

___

어졌지만 이들은 ‘ㅎ’ 탈락에 의한 경음화를 겪은 것으로 보고 자음군단순화를 다루는 이 부분에서 제외시키기로 한다. 자세한 사항은 채옥자(2002), 배주채(1989, 1992), 김주필 (1990), 유필재(2001) 참조.

116) 중부방언에서 ‘ㄾ’ 자음군을 가진 동사 ‘핧-’은 이 지역어에서 ‘할꾸, 할아서, 할으이’ 등에서 보듯 ‘핧-’로 어간의 재구조화를 겪은 것으로 보인다. 또한 ‘꿀꾸’는 중부방언의 ‘꿇-’과 같은 것으로, 이 지역어에서는 ‘꿀찌, 꿀어서, 꿀어두’ 등으로 실현되는바 그 어간이 ‘꿀-’로 재구조화된 것으로 볼 수 있다.

상을 가리킨다. 'ㅎ'의 탈락은 'ㅎ'가 형태소 내에서 차지하는 위치에 따라 형태소의 말음일 경우와 형태소의 두음일 경우로 나눌 수 있다(김성규·정승철, 2005:242). 곡용의 경우 'ㅎ'를 어간 말음으로 가지는 형태소가 존재하지 않으므로 'ㅎ'를 두음으로 가지는 조사와 연결할 때의 양상을 보기로 한다.

(21) ㄱ. ?내안테(내 + -한테)
　　　 ?헹님안테(헹님 + -한테)

체언 어간이 모음 또는 공명음으로 끝날 경우 'ㅎ'으로 시작되는 조사와 연결하면 조사의 두음 'ㅎ'가 탈락된다. 이 지역어에서 '내안테', '헹님안테'는 쓰이지 않고 대신 같은 의미를 가진 '낸데', '헹님인데'의 형태로 쓰이는 경우가 더 많다.

(21) ㄴ. 여서(옇- + -어서, cf. 여쿠, 入)
　　　 조와서(좋- + -아서, cf. 조쿠, 好)

　　　 마나서(많- + -아서, cf. 만쏘, 만쿠, 마느이, 多)
　　　 끄네서(끊이- + -어서, cf. 끈이구, 끈차구, 斷)

　　　 슬으무(슗- + -으무, cf. 슬쿠, 슬치, 슬쏘)
　　　 잃어두(잃- + -어두, cf. 일쿠, 일치, 일쏘)

(19ㄴ)은 활용에서의 'ㅎ' 탈락이다. '여서', '조와서'는 'ㅎ' 말음 어간이 모음으로 시작되는 어미와 연결될 때 'ㅎ'이 탈락한 것이고 '마나서', '끄네서'는 'ㄶ' 자음군을 말음으로 가진 어간이 모

음으로 시작되는 어미와 연결될 때 'ㅎ'이 탈락한 것이다. 'ㄶ' 자음
군을 말음으로 가진 어간은 'ㅅ'으로 시작하는 어미와 연결될 때
'ㅎ'이 탈락하면서 어미의 두음 'ㅅ'을 경음화시킨다. 마찬가지로
'ㅀ' 자음군을 말음으로 가진 어간도 'ㅅ'으로 시작하는 어미와 연결
될 때 'ㅎ'이 탈락함과 동시에 어미의 두음 'ㅅ'을 경음화시킨다.[117)

4.3.3. 'ㄹ' 탈락

'ㄹ' 말음 어간과 치음으로 시작되는 어미가 연결될 때 'ㄹ'이
탈락하는 현상을 가리킨다. 유음탈락이라고도 한다. 곡용에서는
'ㄹ' 말음 체언과 'ㄴ'으로 끝나는 조사가 직접적으로 연결하는 일
도 없고, 'ㄹ' 말음 체언과 '-으'로 시작되는 조사가 연결될 때
'-으'가 탈락되는 일도 없다. 따라서 곡용에서는 유음탈락이 일어
나지 않는다.[118) 따라서 활용에서의 유음탈락에 대해 보기로 한다.

> (22) ㄱ. 마능 게(말- + -능- +게, cf. 마니, 말아서, 말구, 捲)
> 사이(살- + -으니, cf. 사능 게, 살구, 살아서, 活)
> 어느라무(얼- + -느라무, cf. 어니, 얼구, 얼어서, 凍)
> 자부느라무(자불- + -느라무, cf. 자불구, 자불어서,
> 자부는데, 睡)
> ㄴ. 가무다나이(가물- + -다나이, cf. 가물구, 가물어서,
> 가무나마나, 가무던지, 旱)
> 드무던지(드물- + -던지, cf. 드무더라, 드무니, 드무
> 다가, 稀)

---

117) 이 밖에 이 지역 한국어에서 흔히 발견되는 '하다' 유 용언에서 어간에 연결되는 '하'의 두
    음 'ㅎ'이 탈락되는 경우(최명옥, 1982)는 파생에서의 음운현상이므로 본고의 논의에서는
    제외시켰다.

118) 한성우(2006:172) 참조.

맹그다나이(맹글- + -다나이, *cf.* 맹그다가, 맹그느라
무, 맹글구/맨들구, 作)

(22ㄱ)은 'ㄹ' 말음 어간과 'ㄴ'로 시작되는 어미가 직접 연결되
는 경우와 어미의 '-으'가 'ㄹ' 뒤에서 탈락된 후 'ㄹㄴ'의 연쇄
에서 다시 'ㄹ'이 탈락된 경우이다. (22ㄱ)의 예문 중 '사니/사이'는
'살- + -으니'가 '살니'로 되었다가 '사니'로 된 것인데 이 지역
어의 경우에는 어미 '니'의 'ㄴ'가 탈락하는 것이 수의적이기 때문
에 '사이'로도 실현된 것으로 보면 될 것이다. (22ㄴ)에서는 'ㄹ'
말음 어간이 'ㄴ'과 'ㄷ'으로 시작되는 어미와 연결되는 경우인데
이 경우에도 어간 말 'ㄹ'이 탈락되었다. 이 지역어의 경우에는 어
간 말음 'ㄹ'의 탈락은 'ㄴ'으로 시작되는 어미에만 제한되는 것이
아니라 'ㄷ'으로 시작되는 어미와 연결될 경우에도 가능하다.

4.3.4. 어간말 '으' 탈락

'으'로 끝나는 동사나 형용사 어간의 말음 '으'는 모음으로 시작
하는 어미 '-아/어' 앞에서 탈락하는데 이를 어간말 '으' 탈락 현
상이라고 한다. '으' 탈락은 곡용에서는 일어나지 않는 것이 보통
이기 때문에 용언 어간말 '으' 탈락이라고도 한다. 이 지역어에서
의 용언 어간말 '으' 탈락의 양상은 다음과 같다.

(23) ㄱ. 꺼서(끄- + -어서, *cf.* 끄구, 꺼두, 消)
　　　 떠서(뜨- + -어서, *cf.* 뜨구, 떠두, 浮)
　　　 터서(트- + -어서, *cf.* 터두, 트구, 龜)
　　　 따라서(따르- + -아서, *cf.* 따르구, 따라두, 隨)

갈라서(갈르- + -아서, cf. 갈라두, 갈르구, 分)
말라서(말르- + -아서, cf. 말라두, 말르구, 乾)
써서(쓰- + -어서, cf. 써두, 쓰구, 粥)
ㄴ. 바빠두(바뿌- + -어두, cf. 바빠서, 바뿌구, 忙)
웃버서(웃부- + -어서, cf. 웃뻐두, 웃뿌구, 笑)
아파서(아푸- + -아서, cf. 아파두, 아푸구, 痛)
기뿌구(기뿌- + -어두, cf. 기뻐두, 기뻐서, 喜)
슬퍼서(슬푸- + -어서, cf. 슬퍼두, 슬푸구, 悲)

(23ㄱ)에서 1음절 어간이든 2음절 어간이든 어간의 음절 수에 상관없이 모두 어간말모음 '으'가 탈락되었다. (23ㄴ)은 김성규(1989)에서 지적하다시피 표면적으로는 어간말모음이 '우'인데도 'ㄹ'이 탈락된다. 이는 이들 용언 모두를 화석화된 활용형으로 볼 수 있다.

곡용에서 어간말모음 '으'가 탈락되려면 개음절 어간에 모음으로 시작되는 어미가 연결되어 모음충돌이 일어나야 하는데 이러한 조건을 만족시킬 수 있는 체언 어간과 조사를 이 지역어에서도 확인할 수 없었다.

이처럼 활용과 곡용에서 어간말모음 '-으'의 탈락 양상이 다르게 나타나는 것은 명사의 경우 자립성이 있어 본래의 형태를 유지하려는 경향이 강하지만 용언은 자립성이 없이 늘 어미와 연결된 채로만 존재하고 형태의 변화를 입는 경향이 강한 데 그 원인이 있다.[119]

---

119) 한성우(2006:175) 참조.

4.3.5. 어미초 '으' 탈락[120]

　어미초 '으' 탈락은 개음절로 된 체언 어간이나 개음절 또는 'ㄹ' 말음의 용언 어간에 '으'로 시작하는 조사나 어미가 연결될 때 어미초의 '으'가 탈락하는 현상을 가리킨다. 어간말 '으' 탈락과 어미초 '으' 탈락에 대해 채옥자(2002)에서는 모음과 모음의 연결 시에 일어나는 음운현상의 하나로 보고 '으' 탈락에서 함께 다루고 있다. 어간말 '으'와 어미초 '으'는 같은 모음이지만 탈락환경이 다르기 때문에 형태음운론적 기술을 위주로 하는 본 논의에서는 4.3.4.에서 기술한 어간말 '으' 탈락과 구별하여 별도로 기술하고자 한다.

　　(24) ㄱ. 뒤띨르(뒤띠＋－을르, cf. 뒤로, 後)
　　　　　배뗄르(배때＋－을르, cf. 배로, 肚)
　　　　　잔더릴르(잔더리＋－을르, cf. 등으로, 背)
　　　　ㄴ. 오무(오－＋－으무, cf. 오이(오니), 오구, 來)
　　　　　가무(가－＋－으무, cf. 가이(가니), 가구, 去)
　　　　　서무(서－＋－으무, cf. 서이(서니), 서서, 立)
　　　　　찌무(찧－＋－으무, cf. 찌이(찧으니), 찌구, 쩌서, 搗)
　　　　ㄷ. 놀무(놀－＋－으무, cf. 노이(노니), 遊)
　　　　　잘무(잘－＋－으무, cf. 자이(자니), 잘아서, 小)
　　　　　자불무(자불－＋－으무, cf. 자부이(조니), 자불어서, 睡)
　　　　ㄹ. 나무(낳－＋－으무, cf. 나이(낳으니), 나쿠, 産)
　　　　　따무(땋－＋－으무, cf. 따이(땋으니), 따쿠, 辮)

---

120) 어미초 '으' 탈락은 매개모음 어미를 전통적인 방식대로 '－으X'형으로 설정하는 것을 원칙으로 한다. 강창석(1982)에서 이에 대해 그 기저형을 '으'가 없는 형태로 잡고 '으'가 첨가되는 것으로 설명한 데 이어 배주채(1993, 1998)에 이르기까지 첨가규칙에 많은 문제점이 있음을 지적하고 '－으X'와 '－X' 모두를 기저형으로 설정하고 있다. 본 논의에서는 '－으X'를 기저형으로 설정하고 탈락규칙으로 기술하고자 한다(한성우, 2006 참조).

(24)에서 보듯이 이 지역어에서는 곡용과 활용 모두에서 어미초 '으'의 탈락이 확인된다. (24ㄱ)은 곡용에서 개음절 어간과 '으'로 시작되는 어미 '−을르(으로)'가 연결될 때 어미의 '−으'가 탈락되었음을 보여 준다. (24ㄴ)은 활용에서 개음절 어간에 '으'로 시작되는 어미가 연결될 때 어미의 '−으'가 탈락됨을 보여 준 것이다. (24ㄷ)는 'ㄹ' 말음 어간 뒤에서 어미초의 '으'가 탈락됨을 보여 준 것이고 (24ㄹ)은 'ㅎ' 말음 용언의 활용에서 어미초의 '으'가 탈락됨을 보여 준 것이다. 이 지역어의 경우 'ㅎ' 말음 용언에 '으'로 시작되는 어미가 연결될 때 'ㅎ'이 먼저 탈락하고 어미의 '으'가 탈락된다. 기저에서 단모음이던 것이 표면에 여전히 단모음으로 나타났다. 이러한 '으' 탈락은 단모음화나 보상적 장음화와는 아무 관련이 없는 것으로 보인다.[121]

4.3.6. 어미초 '어/아' 탈락[122]

어미초 '아/어'의 탈락이란 개음절 용언 어간에 '아/어'로 시작되는 부사형 어미가 연결될 때 어미초의 '아/어'가 탈락하는 현상을 가리킨다. 이 지역어에서 확인된 어미초 '아/어' 탈락의 양상은 다음과 같다.

---

121) 채옥자(2002:85) 참조.

122) 이 용어에 대해 김성규 외(2005)에서는 어간과 어미에 동일한 모음이 출현했을 때 두 모음 중 하나가 탈락한다는 뜻에서 동모음탈락(同母音脫落)이라고 하고 있다. 또한 어미보다 어간에서 분절음 탈락으로 인한 손상의 정도가 더 적을 것으로 여겨 두 모음 중에 어미가 아니라 어간의 모음이 탈락한다고 판단하는 편이 더 합당하다고 하였다. 본고에서 어간말모음이 '아/어'인 경우 외에 '에, 애'의 경우에도 탈락하는 '아/어'의 양상에 대해서도 함께 다루고자 하므로 하나의 틀에서 어미초 '아/어'의 탈락이라고 할 것이다.

(25) ㄱ. 가서(가- + -아서, 去)
　　　 서서(서- + -어서, 立)
　　 ㄴ. 새서(새- + -어서, cf. 새두(새어도), 새구, 漏)
　　　 재서(재- + -어서, cf. 재두(재어도), 재구, 測)
　　　 베서(베- + -어서, cf. 베두(베어도), 베구, 斬)
　　　 데서(데- + -어서, cf. 데두(되어도), 데구, 硬, 燙)
　　 ㄷ. 나서(낳- + -아서, cf. 나두(낳아도), 나쿠, 産)
　　　 따서(땋- + -아서, cf. 따두(땋아도), 따쿠, 辮)

(25ㄱ)은 어간의 말음이 '아/어'로 된 용언 어간에 '아/어'로 시작되는 연결어미가 연결된 경우인데 어미초 '아/어'가 탈락되었음을 확인할 수 있다. (25ㄴ)는 어간의 말음이 '애/에'로 된 용언 어간에 '아/어'로 시작되는 연결어미가 연결된 경우인데 역시 어미초 '아/어'가 탈락되었다. (25ㄷ)는 'ㅎ' 말음을 가진 용언 어간에 '아/어'로 시작되는 연결어미가 연결된 경우인데 어간 말음 'ㅎ'이 모음을 만나 먼저 탈락된 후 어미초 '아/어'가 탈락된 것으로 볼 수 있다.

4.3.7. 어미초 '이' 탈락

한국어의 계사 '이'는 개음절 체언 어간 뒤에서 탈락된다. 이 지역어의 어미초 '이' 탈락 양상은 다음과 같다.

(26) 엠나라구(엠나+ -이라구, 女兒)
　　 아바이라구(아바이+ -이라구, 爺)
　　 너이라구(너이+ -이라구, 四)

(26)에서 보다시피 개음절 체언 뒤에서 계사 '이'가 탈락되었다.

이 경우 계사 '이'의 탈락은 어간말 모음의 종류에 영향을 받지 않
고 개음절 어간 뒤에서는 무조건 탈락된다.

4.3.8. 어간말 'ㅇ' 탈락

어간말 'ㅇ' 탈락은 'ㅇ'으로 끝난 체언 어간에 '-이'로 시작되
는 조사나 계사 '-이'가 연결될 때 어간의 말음 'ㅇ'이 탈락되는
현상을 말한다.

    (27) 간자이(간장+-이)
          코이(콩+-이)
          선새(선생+-이)
          또이(똥+-이)

예문 (27)의 경우 어간 말음 'ㅇ'이 뒤에 오는 모음 '이'를 음성
적으로 비모음화시킨 후 약화·탈락되었다고 볼 수 있다.[123]

4.3.9. 어간말 'ㄴ' 탈락

'ㄴ' 탈락은 어간 말음이 'ㄴ'인 체언 어간에 주격 조사 '-이'
나 '-이'로 시작되는 조사, 보조사, 계사가 연결될 때 어간 말음
'ㄴ'이 탈락하는 현상을 말한다. 이 지역어에서의 'ㄴ' 탈락의 양상
은 다음과 같다.

    (28) 무이(문+-이, cf. 문으, 문을르)

---

123) 채옥자(2002:94) 참조.

소이(손+ - 이, cf. 손으, 손을르)
도이(돈+ - 이, cf. 돈으, 돈을르)
본저이(본전+ - 이, cf. 본전으, 본전을르)
농초이(농촌+ - 이, cf. 농촌으, 농촌을르)

위의 예문 (28)에서 보다시피 어간말 'ㄴ' 탈락은 그 환경이 이루어지면 비교적 활발히 일어난다.[124]

4.3.10. 활음탈락

활음탈락은 특정 자음과 이중모음의 연쇄에서 이중모음을 구성하는 활음이 삭제되는 현상을 가리킨다. 통시적인 활음탈락은 형태소 내부에서 어떤 음소 뒤에 존재하던 활음이 탈락하는 것이고 공시적인 탈락은 형태소 경계에서 활음소화에 의하여 형성된 활음소가 일정한 자음소 뒤에서 다시 탈락하는 것이다(김성규·정승철, 2005:255). 이 연구에서 살펴볼 활음탈락은 형태소 경계에서의 공시적인 활음탈락이다. 활음에는 'j'와 'w'가 있으므로 두 부류의 활음탈락을 구분하여 기술하고자 한다.

4.3.10.1. 활음 'j' 탈락

경구개음 뒤에 이중모음 '야, 여, 요, 유, 예, 애'가 연결되면 활음 'j'가 탈락한다. 활음 'j'의 탈락은 '이'로 끝나는 동사나 형용사

---

124) 'ㄴ' 탈락의 원인에 대해 채옥자(2002)에서는 어간말 'ㄴ'이 뒤에 오는 '이'의 영향으로 [니]와 같은 구개음으로 실현되어 이 'ㄴ'이 다시 약화·탈락되어 이루어진 것으로 보고 형태소 내부에서 잘 이루어졌던 음운현상임을 밝히고 형태소 내부의 변화가 형태소 경계에까지 그 적용범위를 넓힌 것으로 해석하고 있다.

어간에 '어'로 시작되는 어미가 연결될 때 어간 말음 '이'가 활음
'j'로 바뀌는 활음화가 일어난 다음 다시 탈락된다. 이 지역어에서
확인된 활음 'j'의 탈락 양상은 다음과 같다.

    (29) 저서(지- + -어서→져서→저서, 負)
         처서(치- + -어서→쳐서→처서, 打)
         쩌서(찌- + -어서→쪄서→쩌서, 烝)

    (30) 가제서(가지- + -어서→가져서→가제서, 持)
         덴제서(덴지- + -어서→덴져서→덴제서, 投)
         후체서(후치- + -어서→후쳐서→후체서, 扱)

위의 예문 (29)에서 보다시피 경구개음으로 시작되는 1음절 어간
에 '어'로 시작되는 어미가 연결될 경우 1차적으로는 활음화가 일
어나고 다시 활음탈락이 일어난다. 그러나 예문 (30)은 어간의 음절
수만 제외하면 (29)의 경우와 같음에도 불구하고 활음화가 일어나
고 그 뒤에서 축약이 일어난다. 이는 표면적으로 볼 때 이 지역어
의 경우 '이' 활음탈락이 어간의 음절 수의 영향도 받음을 말해 준
다. 그러나 활음 '이'의 탈락원인에 대해서 김성규·정승철(2005)에
서는 경구개음과 활음 '이'가 혀의 앞쪽 면을 경구개의 영역에 근
접시켜 내는 소리라는 공통된 점으로부터 조음상으로 매우 유사한
소리이기 때문에 유사한 음성적 특징을 가진 소리가 연속되는 것
을 피하기 위해 일어난다고 하였다. 이에 의하면 활음 '이'의 탈락
은 어간 음절 수의 영향을 받지 말아야 할 것이다. 그럼에도 이 지
역어에서 이러한 현상이 나타나는 것은 결국 활음 '이' 탈락이 이

지역어에서 필수적으로 일어나는 음운현상이 아니라 수의적인 현상이라는 것을 말해 준다.

4.3.10.2. 활음 'w' 탈락

양순음 뒤에 이중모음 '와, 워'가 연결되면 활음 'w'가 탈락한다. 이 지역어에서 확인된 'w' 활음화 양상은 다음과 같다.

(31) ㄱ. 바서(보- + -아서→봐서→바서, cf. 바두, 보구, 看)
　　　처서(추- + -어서→춰서→처서, cf. 처두, 추구, 舞)
　　　싸서(쏘- + -아서→쏴서→싸서, cf. 싸두, 쏘구, 射)
　　ㄴ. 바까서(바꾸- + -아서→바꽈서→바까서, cf. 바까두, 바꾸구, 換)
　　　농가서(농구- + -아서→농과서→농가서, cf. 농가두, 농구구, 分)
　　　맞차서(맞추- + -아서→맞촤서→맞차서, cf. 맞차두, 맞추구, 組合)
　　　기달가서(기달구- + -아서→기달과서→기달가서, cf. 기달가두, 기달구구, 待)
　　　거더서(거두- + -어서→거둬서→거더서, cf. 거더두, 거두구, 收)
　　　뽈거서(뽈구- + -어서→뽈궈서→뽈거서, cf. 뽈거두, 뽈구구, 增)
　　　모다서(모두- + -아서→모돠서→모다서, cf. 모다두, 모두두, 集)
　　　주물거서(주물구- + -어서→주물궈서→주물거서, cf. 주물거두, 주물구구(주무르다))
　　ㄷ. 나서(놓- + -아서→노아서→놔서→나서, cf. 나두, 노쿠, 放)

위의 (31ㄱ)에서 보다시피 '오/우'로 끝나는 1음절 어간에 '아/어'로 시작되는 어미가 연결될 때 1차적으로 활음화가 일어나고 2차적으로 활음탈락이 일어난다. 활음화를 겪은 음절이 초성으로 양순음, 경구개음, 치음을 가지고 있는데 'ㅂ'과 같은 경우 활음 'w'와 조음상으로 매우 유사한 소리라는 점에서 활음탈락이 일어난 것으로 분석할 수 있다. 그러나 'ㅊ', 'ㅆ'을 초성으로 가지고 있는 경우에는 활음과 유사한 소리가 아니지만 활음탈락이 일어나고 있어서 특이하다고 할 수 있겠다.

예문 (31ㄴ)은 '오/우'로 끝나는 2음절 이상의 어간에 '아/어'로 시작되는 어미가 연결될 때 활음 'w'가 탈락되는 예문들이다. 이 경우에도 1차적으로는 활음화가 일어나고 2차적으로 활음탈락이 일어난 것이라고 할 수 있다. 채옥자(2002)에 의하면 활음화를 겪은 음절이 연구개음을 초성으로 가질 경우 '연구개음＋활음＋모음'이라는 음절구조를 회피하기 위해 활음탈락이 일어난 것으로 추측하고 있다. 그러나 실제 활음화를 겪은 음절은 연구개음뿐 아니라 기타 'ㅊ', 'ㄷ'과 같은 치음을 초성으로 가질 경우에도 활음탈락이 일어날 수 있었다. 이는 활음탈락이 그 조건이 갖추어지면 필수적으로 일어나는 음운현상이 아니라 수의적으로 일어나는 음운현상임을 말해 줄 수 있는 근거라고 판단된다.

(31ㄷ)의 'ㅎ' 말음 어간의 경우에도 활음탈락이 일어난다. 이는 'ㅎ' 말음을 가진 용언 어간에 모음으로 시작되는 어미가 연결될 경우 'ㅎ'이 탈락된다는 것을 전제로 하면 기타 활음탈락이 일어날 수 있는 조건을 만족시켰기 때문이다.

4.4. 축약

  축약은 둘 이상의 소리가 합쳐져 하나의 새로운 소리가 되는 현상이다(김성규·정승철, 2005:271). 중부방언의 경우에는 'ㅎ' 축약이 대표적이지만 이 지역어에는 모음축약도 나타난다.

4.4.1. 'ㅎ' 축약

  'ㅎ' 축약은 'ㅎ'와 평음 'ㄱ, ㄷ, ㅂ, ㅈ'이 만나면 각각 격음 'ㅋ, ㅌ, ㅍ, ㅊ'이 되는 현상을 가린다. 'ㅎ' 축약이 일어나면 평음이 주위에 있는 'ㅎ'과 합쳐져 격음이 되므로 격음화라고도 하고 'ㅋ, ㅌ, ㅍ, ㅊ'이 유기음이므로 유기음화라고도 한다(김성규·정승철, 2005:272). 이 연구에서는 '축약'이라는 용어에 핵심을 두고 있으므로 'ㅎ' 축약이라고 할 것이다. 곡용의 경우 'ㅎ'으로 끝나는 체언이 존재하지 않고 또 중부방언의 '하고'와 같이 'ㅎ'로 시작되는 조사나 보조사가 쓰이지 않으므로 활용에서의 'ㅎ' 축약에 대해서만 살펴보기로 한다.

> (32) ㄱ. 노쿠(놓-+-구), 조치(좋-+-지), 따테(땋-+-데,
>   cf. 땋던)
>   ㄴ. 앙쿠(앓-+-구), 만치(많-+-지)
>   ㄷ. 슬쿠(슳-+-구), 달테(닳-+-데, cf. 잘 달테(잘 뛰
>   던)), 올치(옳-+-지)

  예문 (32)에서 보다시피 'ㅎ' 말음 어간, 'ㄶ' 말음 어간, 'ㅀ' 말

음 어간의 경우 모두 중부방언과 마찬가지의 축약을 보이고 있다.
활용에서의 'ㅎ' 축약은 모두 순행적 'ㅎ' 축약이 된다.

4.4.2. 모음 축약

모음축약은 이중모음 '워'가 자음 뒤에서 '오'로 축약되는 음운현상이다. 모음축약은 표준어에서는 일어나지 않는다(김성규 · 정승철, 2005:274). 이 지역어에서 확인된 모음축약의 양상은 다음과 같다.

> (33) 도라(두- + -어라→둬라→도라, cf. 둤다, 置)
> 조라(주- + -어라→줘라→조라, cf. 줬다, 給)[125)
> 배와조라(배와주- + -어라→배와줘라→배와조라, cf. 배와
> 줬다, 敎)

모음축약은 매우 한정적으로 일어나는 음운현상이라고 할 수 있다. '가두다'와 같은 경우에는 '가두- + -아라→가돠라→가다라'에서처럼 어간말이 '두다'와 같은 '두'이지만 이 경우에는 모음축약이 일어나지 않는다. 이는 어간에 연결되는 어미에 의한 것으로 1음절 어간인 '두-'에는 '어라'가 연결된 반면 2음절 어간인 '가두-'에는 '아라'가 연결되었기 때문인 것으로 보인다. '우' 말음 어간에 '아라'가 연결되면 '워'가 아닌 '와'가 실현되기 때문에 이는 모음축약의 조건을 위배하는 것이다. 반면 '배와조라'는 어간말 음절이 '주-'이면서 연결된 어미가 1음절 어간 '주-'에 연결된 어미와 같은 '어라'가 연결되어 '줘→조'의 모음축약이 일어난다. 따라서

---

125) 표준어의 "나 좀 조"에서처럼 동작이 미치는 대상이 '나'일 경우 '주다'를 쓰지만 이 지역어에서는 '주라' 대신 '달라'가 쓰인다. '나'가 주어일 경우에는 표준어와 그 쓰임이 같다.

모음축약은 1차적으로 활음화의 과정에서 활용에 참여하는 어미가 '어'로 시작되는 경우에만 일어난다고 할 수 있을 것 같다. 모음축약을 보이는 예는 극히 드물지만 이 지역어의 경우에는 '꼬이(꿩)'와 같이 형태소 내부에서도 일어날 수 있는 음운현상이다.

제5장 결 론

　이상에서 中國 延邊 龍井 地域 韓國語의 조사와 어미들에 대해 알아보았다. 북한의 회령군과 두만강을 사이에 두고 마주하고 있는 龍井市 三合鎭 地域에 살고 있는 화자를 대상으로 연구했는데 회령 지역어의 언어적 특징보다는 龍井 지역어의 언어적 특징을 밝혀냈다는 점에서 그 의의를 찾을 수 있다. 또한 현대 龍井 지역어에서 사용되고 있는 생생한 언어를 조사하여 사회언어학적 연구의 기초를 마련했다는 점에서도 그 의의를 찾을 수 있을 것이다.

　결론은 이상의 논의를 요약하고 앞으로 남은 과제를 덧붙이는 것으로 대신하고자 한다.

　2장에서는 조사를 격조사와 보조사로 나누어 이들의 용법과 목록을 확인하였다. 이 지역어에서 확인된 격조사의 목록은 다음과 같다.

- 주격: -이, -께서
- 대격: -으/르/ㄹ
- 속격: -에, -으
- 처소격: -으르, -에, -에서/서, -에다(가),
- 여격: -ㄴ데/인데, -에게(다)/게(다), -보구
- 구격: -을르/ㄹ르/ㄹ

- 공동격: - 가/까, - 이라메/라메
- 비교격: - 보다, - 마이, - 마, - 처리
- 인용격: - 이라구/라구
- 호격: - 아/야, - 이, - 에
- 원인격: - 을래(서)

보조사는 문법적 의미를 중심으로 기술하였다.

- 대조: - 으느/느
- 한정: - 마, - 멜르
- 포함: - 두, - 아부라, - 꺼지
- 시작: - 부터
- 도달: - 꺼지
- 선택: - 이나/나
- 양보: - 두,
- 강조: - 이사/사
- 균일: - 마다
- 부정: - 크녕

이 지역어의 격조사를 살펴보면 대격 조사가 처소격, 구격, 공동격 등 기능으로 확대되어 쓰일 수 있었다는 점에서 다른 지역어와 차이를 보이고 있다. 조사의 형태가 중부방언이나 기타 지역어와 달리 나타나고 이 지역어에서만 보이는 호격 조사 '-에', 원인격 조사 '-을래(서)' 등이 확인되었다. 보조사의 경우 포함을 나타내는 '-아부라'는 이 지역어에서만 나타난다.

3장에서는 이 지역어의 종결어미, 연결어미, 선어말어미, 전성어미의 목록과 용법을 확인하였다. 종결어미는 먼저 문체법에 따라 '평서, 의문, 청유, 명령'으로 나누고 다시 대우법에 따라 '존대, 평대, 하대' 세 가지로 나누어 기술하였다.

이 지역어에서 확인된 종결어미의 목록은 다음과 같다.

평서형 종결어미:
◦ 존대: -읍구마/습구마, -읍니(미)다/습니(미)다, -읍다/습다, -읍더구마/습더구마, -읍데다/습데다
◦ 평대: -우/소, -읍데/습데
◦ 하대: -다/는다/ㄴ다, -더라

의문형 종결어미:
◦ 존대: -읍두/습두, -읍까/습까, -읍덤두/습덤두, -읍다/습다
◦ 평대: -우/소, -읍데/습데, -으라우/라우
◦ 하대: -나, -니, -데, -아래/어래, -으까

청유형 종결어미:
◦ 존대: -깁소, -기쇼
◦ 평대: -으페/스페, -기우, -기요
◦ 하대: -자

명령형 종결어미:

◦ 존대: −읍소, −으쇼

◦ 평대: −우/소

◦ 하대: −아(어)라/라, −나라, −아(어)래라/래라

이 지역어의 종결어미의 특징은 다음과 같이 요약할 수 있다.

우선 대우법 등급이 종결어미의 형태에 반영되어 있다.

둘째, 종결어미의 사용이 화자 계층의 영향을 많이 받는다. 예컨대 노인층과 젊은 층에서 따로 쓰는 어미들이 존재한다는 점, 시아버지가 며느리에게, 어머니가 장가간 아들을 대우하여 평대의 종결어미가 두루 쓰인다는 점에서 특이하다고 할 수 있겠다.

셋째, 평서형과 의문형 종결어미의 형태가 같은 경우 억양으로 그 차이가 구별된다.

연결어미는 의미 기능을 중심으로 살펴보았다. 이 지역어에서 확인된 연결어미의 목록은 다음과 같다.

◦ 나열: ‘−구’, ‘−으메/메’, ‘−으멘서/멘서’

◦ 대조: ‘−은데/는데’, ‘−디(지)마느’, ‘−으나/나’

◦ 선택: ‘−거나’, ‘−등지’, ‘−등가’

◦ 배경: ‘−는데’, ‘−으이’

◦ 원인: ‘−어/아서’, ‘−으이까’, ‘−느라구’

◦ 조건: ‘−으무/무’, ‘−거덩’, ‘−자무’, ‘−드라무’

◦ 결과: ‘−게’

◦ 양보: ‘−아(어)두’

◦ 선행: ‘ - 구’, ‘ - 구서’, ‘ - 자마자’, ‘ - 다(가)’

◦ 상황: ‘ - 다나이’, ‘ - 덩게’, ‘ - 데이’

◦ 목적: ‘ - 자구’, ‘ - 자무’, ‘ - 을라/ㄹ라’

선어말어미는 ‘ - 겠 - ’, ‘ - 았 / 었 - ’, ‘ - 댓 - ’, ‘ - 더 - ’, ‘ - 으랬/랬’ 등이 확인되고 전성어미는 ‘ - 기’, ‘ - 음/ㅁ’, ‘ - 을’, ‘ - 은/ㄴ’, ‘ - 는’이 확인되었다.

4장에서는 곡용과 활용에서의 음운현상을 교체, 첨가, 탈락, 축약으로 분류하여 기술하였다.

• 교체

곡용: 자음동화(비음화, 양순음화, 연구개음화), 평폐쇄음화, 경음화, 원순모음화, 움라우트, ‘이’ 활음화, 완전순행동화, 전설모음화

활용: 자음동화(비음화, 유음화, 연구개음화), 평폐쇄음화, 경음화, 원순모음화, 움라우트, ‘이’ 활음화, ‘오, 우’ 활음화, 완전순행동화

• 첨가

곡용: 없음

활용: 활음 ‘w’ 첨가

• 탈락

곡용: 자음군단순화, ‘ㅎ’ 탈락, 어미초 ‘으’ 탈락, 어간말 ‘ㅇ’ 탈

락, 어간말 'ㄴ' 탈락,

활용: 자음군단순화, 'ㅎ' 탈락, 'ㄹ' 탈락, 어간말 '으' 탈락, 어미초 '으' 탈락, 어미초 '아/어' 탈락, 어간말 'ㄴ' 탈락, 활음 '이' 탈락, 활음 '오, 우' 탈락

• 축약

곡용: 없음

활용: 'ㅎ' 축약, 모음 축약

중부방언과 비교해 보았을 때 이 지역어에서 특징적인 것은 곡용과 활용에서의 움라우트와 곡용에서의 '이' 활음화의 양상 등이다.

본서는 한국어학의 연구 대상은 자연어이어야 하고 한국어의 실체는 자연어의 실제 모습인 방언에 대한 연구를 통해서만이 밝혀질 수 있다는 전제에서 출발하였다. 그리하여 현재 龍井 지역어에서 쓰이고 있는 곡용과 활용에 참여하는 조사와 어미들 전반에 대해 형태론·음운론적인 접근을 시도하였다. 이 연구를 통해 이 지역어의 모습이 어느 정도 드러났다고 할 수 있다. 또한 이 지역어 자연어의 실제 모습에 대해 연구를 행했다는 점으로부터 앞으로 본격적인 연구의 시작이라고 할 수 있겠다. 또한 연변 지역어를 바탕으로 이 지역어의 상위방언인 동북방언의 모습을 밝혀야 할 것이다. 머지않아 자유로운 조사와 체계적인 연구가 가능해져 동북방언의 실체가 밝혀질 수 있기를 기원하며 이 책을 끝맺으려 한다.

참고문헌

강순경(1989), "황해 방언의 모음체계", 어학연구 14.

강정희(2003), "방언 변화와 방언 연구의 방향", 한국어학 21, 한국어학회.

강창석(1982), "현대국어의 형태소 분석과 음운현상", 국어연구 50.

강창석(1985), "국어의 음절구조와 음운현상", 국어학 13, 국어학회.

강창석(1985), "활용과 곡용에서의 형태론과 음운론", 울산어문논집 2, 울산대학교 국문과.

고광모(2000), "상대 높임의 조사 '-요'와 '-(이)ㅂ쇼'의 기원과 형성 과정", 국어학 36, 국어학회.

고영근·남기심(1993), 표준국어문법론(개정판), 탑출판사.

고영근·구본관(2008), 우리말문법론, 집문당.

곽충구(1991), "함경도 방언 연구의 전개 과정과 그 전망", 행촌 김영배 선생 회갑기념논총, 경운출판사.

곽충구(1993), "함경도방언의 친족명칭과 그 지리적 분화-존속의 조부모, 부모, 백숙부모의 호칭어를 중심으로-", 진단학보 76.

곽충구(1994), "함북 육진 방언의 음운론", 국어학총서 20, 태학사.

곽충구(1997), "연변지역의 함북 길주명천 방언에 대한 조사 연구-음운어휘문법 조사 자료-", 애산학보 20.

곽충구(1998a), "동북서북방언", 문법연구와 자료(이익섭 선생 회갑기념논총), 태학사.

곽충구(1998b), "동북 방언", 새국어생활 8-4.

곽충구(1998c), "육진 방언의 어휘", 국어 어휘의 기반과 역사, 태학사.

곽충구(2000a), "함북방언의 비자동적 교체 어간과 그 단일화 방향", 21세기 국어학의 과제, 월인출판사.

곽충구(2000b), "재외동포의 언어 연구", 어문학 69집.

곽충구(2000c), "육진 방언의 현황과 연구 과제", 한국학논집 34, 한양대학교 한국학연구소.

곽충구(2001), "구개음화 규칙의 발생과 그 확산", 진단학보 92, 진단학회.

곽충구(2003), “현대국어 모음체계와 그 변화의 방향”, 국어학 41, 국어학회.

곽충구(2005), “육진 방언의 음운변화 – 20세기 초로부터 1세기 동안의 변화 – ”, 진단학보 100, 진단학회.

권미영(1998), “江景 지역어의 공시음운론적 연구”, 인하대학교 석사학위논문.

김　현(2001), “활용형의 재분석에 의한 용언 어간 재구조화 – 후음 말음 어간으로의 변화에 한하여 – ”, 국어학 37, 국어학회.

김　현(2003), “활용상에 보이는 형태음운론적 변화의 요인과 유형”, 서울대학교 박사학위논문.

김경아(1990), “활용에서의 기저형 설정과 음운현상”, 국어연구 94.

김경아(2003), “형태음운론적 교체에 대하여”, 국어교육 110.

김동찬(1987), 단어조성론, 고등교육도서출판사.

김문창(1995), “고유어에 대하여”, 인하어문연구 2, 인하어문연구회.

김병제(1965), 조선어방언학개요(중), 평양: 사회과학원출판사.

김병제(1980), 방언사전, 평양: 사회과학원출판사.

김봉국(2000), “강릉·삼척지역어의 활음화”, 한국문화 26, 서울대 한국문화연구소.

김봉국(2002), “강원도 남부지역 방언 어간말자음군의 음운론”, 국어학 39, 국어학회.

김봉국(2004), “고모음 탈락 현상과 관련된 몇 문제”, 국어학 43, 국어학회.

김봉국(2004a), “함북 육진 방언의 ‘ – 어/ – 아’교체 양상과 중립모음의 성격”, 배달말 35.

김봉국(2004b), “함북 육진 방언의 복합성조”, 국어교육 113.

김봉국(2005), “체언 어간말 중자음의 변화 양상 – 동해안 방언 및 함북 육진 방언을 중심으로”, 국어학 45, 국어학회.

김상원(1989), “중국어에 쓰이는 조선어의 차용어와 모조어에 대한 연구”, 연변대학 조선학국제학술토론회 논문집, 연변대학출판사.

김서형(2003), “육진 방언의 종결어미 연구”, 어문논집 48, 민족어문학회.

김성규(1987), “어휘소 설정과 음운현상”, 국어연구 77.

김성규(1988), “비자동 교체의 공시적 기술”, 관악어문연구 13.

김성규(1989), “활용에 있어서의 화석형”, 주시경학보 3, 탑출판사.

김성규(2000), “불규칙 활용에 대한 몇 가지 논의”, 형태론 2 – 1, 박이정.

김성규(2003), “여>예>에의 변화 과정에 대하여”, 관악어문연구 28, 서울대학교 국문과.

김성규·정승철(2004), 소리와 발음, 한국방송통신대학교 출판부.

김성근 집필(2005), 조선어어음론, 조선어학전서 22, 사회과학출판사.

김영만(1997), “국어 초분절음소의 공시적 연구”, 영남어문학 32, 영남어문학회.

김영배(1979), "평안·함북방언 연구에 대한 검토", 방언 1.

김영배(1985), "i모음역행동화와 그 개재자음", 한국문화연구 2.

김영석(1990), "사역 접미사 – 우에 대하여", 강신항 교수 회갑기념 국어학 논문집, 태학사.

김영황(1982), 조선어방언학, 평양: 김일성종합대학출판사.

김옥화(2001), "부안지역어의 음운론적 연구", 서울대학교 박사학위논문.

김완진(1963a), "국어모음체계의 신고찰", 일조각.

김완진(1964), "중세국어 이중모음의 음운론적 해석에 대하여", 학술원논문집 4.

김완진(1971), "음운현상과 형태론적 제약", 학술원논문집 10.

김완진(1972a), "다시 B>W를 찾아서", 어학연구 8 – 2.

김완진(1974), "음운변화와 음소의 분포 – 순경음 '병'의 경우 – ", 진단학보 38, 진단학회.

김완진(1978), "모음조화와 모음체계에 대한 반성", 어학연구 14 – 2.

김완진(1985), "모음조화의 예외에 대한 연구", 한국문화 6, 서울대 한국문화연구소

김용하(2005), "한국어의 어미체계와 격 인허에 대한 최소주의적 고찰", 국어학 46, 국어학회.

김이협(1981), 평북방언사전, 한국정신문화연구원.

김종규(2003), "히아투스와 음절", 한국문화 31.

김주필(1985), "구개음화에 대한 통시론적 연구", 국어연구 68.

김주필(1990), "국어 폐쇄음의 음성적 특징과 음운현상", 강신항 교수 회갑기념 국어학 논문집, 태학사.

김주필(1999), "국어의 음절 내부 구조와 음운 현상", 애산학보 23, 애산학회.

김진수(1989), "국어 접속어미의 분류", 언어연구 6, 한국현대 언어학회.

김차균(1996), "육진 방언과 영남 방언 성조의 비교", 제1회 국제음성학 학술대회, 대한음성학회.

김춘자(2007), "함경남도 삼수지역어의 음운론적 연구", 서울대학교 박사학위논문.

김태균(1986), 함북방언사전, 경기대 출판부.

김태엽(1998), "국어 종결어미의 형태론적 해석", 현대문법연구 13.

김형규(1975), 한국방언사전, 서울대 출판부.

김희섭(1991), "히아투스와 미끄럼소리되기", 우리말 연구 1, 우리말 연구회.

남기심·고영근(1993), 표준국어문법론, 탑출판사.

도수희(1981), "충남방언의 움라우트 현상", 방언 5.

리득춘(1986), "조선어중의 중국어 차용어", 연변대학학보 제2기.

리득춘(1988), 조선어 어휘사, 연변대학출판사.

리원길(1984), "조선어와 만주어의 접사대비 – 체언부분", 조선어문석사론문집,

료녕민족출판사.

리윤규·심희섭·안 운(1992), 조선어방언사전, 연변인민출판사.

미승우(1987), "함경도 사투리 속의 러시아말들", 어문연구 54.

박녤리(1995), "언어 발전상의 분기과정에 대하여-육진 방언을 중심으로", 비교한국학 1, 국제비교한국학회.

박녤리(2005), "육진 방언의 특징"(자료소개), 비교문화연구 11-2.

박숙희(2001), "vv제약과 굴절의 음운현상-성조 방언을 대상으로", 한국언어문학 47.

박창원(1986), "음운교체와 재어휘화", 어문논집 2.

박창원(1987), "표면음성제약과 음운현상-고성지역어의 음절구조를 중심으로-", 국어학 16, 국어학회.

배주채(1989), "음절말자음과 어간말자음의 음운론", 국어연구 91.

배주채(1992), "음절말 폐쇄음화에 대하여", 관악어문연구 17.

배주채(1996), 국어음운론 개설, 신구문화사.

배주채(1998), 고흥방언 음운론, 國語學叢書 32, 국어학회.

백두현(1988), "'ᄋ 오 으 우'의 대립관계와 원순모음화", 국어학 17, 국어학회.

백봉자(1980), "연결어미 '-느라고, -느라니까, -느라면'의 의미와 기능", 말 5.

서정수(1985), "국어 접속어미 연구 1", 한글 189, 한글학회

서태룡(1987), "국어활용어미의 형태와 의미", 서울대학교 박사학위논문.

서태룡(1993), "국어 어미의 음소와 의미", 진단학보 76, 진단학회.

宣德五·趙習·金淳培(1990), 조선어방언조사보고, 연변인민출판사.

소강춘(1989), 방언분화의 음운론적 연구, 한신문화사.

소신애(2002), "연변 훈춘지역 조선어의 진행중인 음변화 연구-구개음화 현상을 중심으로-", 서강대학교 석사학위논문.

소신애(2005), "공시적 음운 변이와 통시적 음운 변화의 상관성-함북 육진 방언을 중심으로", 서강대학교 박사학위논문.

소신애(2006), "수의적 교체를 통한 점진적 음운 변화-함북 육진 방언의 진행중인 변화를 중심으로-", 국어학 48, 국어학회.

소창진평(1927), 함경남북도방언, 조선어 2.

소창진평(1931), 육십 년 전의 함경방언, 중등조선어강좌.

소창진평(1944), 조선어방언의 연구, 동경 岩波서점.

송 민(1975), "8세기 전기 한국어의 모음체계", 논문집 5, 성심여대.

송 민(1986), 전기 근대국어 음운론 연구, 탑출판사.

송철의(1977), "파생어형성과 음운규칙", 국어연구 38.

송철의(1982), "국어의 음절 문제와 자음의 분포제약에 대하여", 관악어문연구

7, 서울대학교.

송철의(1990), "자음동화", 국어연구 어디까지 왔나, 동아출판사.

송철의(1991), "국어 음운론에 있어서의 체언과 용언", 국어학의 새로운 인식과 전개(김완진선생 회갑기념논총), 민음사.

송철의(1992), 국어의 파생어형성 연구, 태학사.

송철의(1995), "곡용과 활용의 불규칙에 대하여", 진단학보 80, 진단학회.

송철의(1995), "국어의 활음화와 관련된 몇 문제", 단국어문논집 창간호, 단국대학교 국문과.

송철의(1996), "국어의 음운현상과 변별적 자질", 이기문 교수 정년퇴임기념논총, 신구문화사.

송철의(2000), "형태론과 음운론", 국어학 35, 국어학회.

신승용(1999), "'-으X~-X'계 어미의 기저구조", 국어학 34, 국어학회.

심희섭(1990), "중국에서의 우리말 연구", 언어문화연구소.

안명철(1995), "'이'의 문법적 성격 재고찰", 국어학 25.

안병희(1959), "15세기 국어의 활용어간에 대한 형태론적 연구", 국어연구 7.

안옥규(1989), 어원사전, 동북조선민족교육출판사.

유목상(1985), 서술연결형 어미 연구, 집문당.

유재원(1985), "현대국어의 모음충돌회피 현상에 대하여", 한글 189.

劉昌惇(1987), 李朝語辭典, 연세대학교 출판부.

유필재(2000), "서울방언 용언 자음어간의 형태음운론", 국어학 35, 국어학회.

유필재(2001), "서울지역어의 음운론적 연구", 서울대학교 박사학위논문.

윤정희·김봉(1984), "무순지구 조선어 방언의 음운적 특성", 조선어학습과 연구, 1984년 1기.

윤평현(1989), "국어의 접속어미에 대한 연구-의미론적 기능을 중심으로-", 전남대학교 박사학위논문.

윤평현(1997), "국어의 선택관계 접속어미에 대한 연구", 한국언어문학 38.

윤평현(1999), "국어의 나열관계 접속어미에 대한 연구", 한국언어문학 33.

윤평현(1999), "국어의 상황관계 접속어미에 대한 연구", 한국언어문학 43.

윤평현(2005), "국어의 전환관계 접속어미에 대한 연구", 한국언어문학 55.

이기갑(1990), "방언어휘론", 방언학의 자료와 이론, 국어국문학회.

이기갑(2003), 국어방언문법, 태학사.

이기동(1993), 북청방언의 음운론, 고대민족문화연구소.

이기문 외 5인(1993), 한국 언어지도, 성지문화사.

이기문(1962), "중세국어의 특수어간 교체에 대하여", 진단학보 23, 진단학회.

이기종(2003), "국어 방언어휘 형성의 인지론적 분석", 한국어학 21, 한국어학회.

이동화(1985), "星州지역어이 종결어미 연구", 한민족어문학(영남어문학) 12.

이명규(1974), "구개음화에 대한 문헌적 고찰", 국어연구 31.

이병근(1970), "경기지역어의 모음체계와 비원순모음화", 동아문화 9.

이병근(1971), "운봉지역어의 움라우트 현상", 김형규 박사송수기념논집.

이병근(1971), "현대한국방언의 모음체계에 대하여", 어학연구 5 - 2.

이병근(1975), "음운규칙과 비음운론적 제약", 국어학 3.

이병근(1976), "19세기 국어의 모음체계와 모음조화", 국어국문학 72 · 73.

이병근(1980), "동시조음 규칙과 자음 체계", 말소리 1.

이병근(1981), "유음탈락의 음운론과 형태론", 한글 174 · 174, 한글학회.

이병근 · 곽충구 편(1998), 방언, 국어학강좌 6, 태학사.

이병근 · 정승철(1989), "경기 · 충청 지역의 방언분화", 국어국문학 102, 국어국
        문학회.

이병근 · 정인호(1999), "중국 조선어 방언 조사", 한반도와 중국 동북 3성의 역
        사문화, 서울대학교 출판부.

이상신(2002), "반모음 y의 음절 구조적 지위와 음절화에 의한 방언분화", 관악
        어문연구 27.

이승재(1990), 방언음운론, 방언학의 자료와 이론, 국어국문학회.

이영민(2003), "접속어미 '-며', '-면서', '-면'의 의미와 상관관계", 시학과
        언어학 6.

이익섭(1972), "강릉방언의 형태음소론적 고찰", 진단학보 33, 진단학회.

이익섭(1984), 방언학, 민음사.

이익섭 · 임홍빈(1988), 국어문법론, 학연사.

이익섭 · 채완 공저(1999), 국어문법론강의, 학연사.

이진호(1997), "국어 어간말 자음군과 관련 현상에 대한 통시음운론", 국어연구 147.

이진호(1998), "국어 비모음화에 관련된 이론적 문제", 국어학 37, 국어학회.

이진호(1998), "국어 유음화에 대한 종합적 고찰", 국어학 31, 국어학회.

이진호(2001), "국어의 비모음화와 관련된 이론적 문제", 국어학 37, 국어학회.

이진호(2002a), "화석화된 활용형에 대하여", 국어국문학 130, 국어국문학회.

이진호(2002b), "음운교체양상의 변화와 공시론적 기술", 서울대 박사학위논문.

이춘영(2004), "함북 명천 방언의 불규칙 활용 연구", 서울대 석사학위논문.

이희자(1996), "어미 및 어미형태류의 하위 범주 문제 - 어미 · 조사의 한국어
        사전 편찬연구 I - ", 국어학 28, 국어학회.

임석규(1999), "영주 지역어의 음운론적 연구", 국어연구 160.

임석규(2002), "음운탈락과 관련된 몇 문제", 국어학 40, 국어학회.

임석규(2006), "성조방언에서의 모음동화", 國語學論叢, 이병근 선생 퇴임기념,

태학사.

임석규(2007), "'Xi＋əY'의 방언권별 형태음운과정", 우리말글 40, 우리말글학회.

임석규(2007), "다음절 어간에서의 방언권별 부사형어미 실현 양상", 한국언어문학 62.

임홍빈·안명철·장소원·이은경 공저(2003), 바른 국어생활과 문법, 한국방송통신대학교출판부.

장윤희(2002), 중세국어 종결어미 연구, 국어학총서 41, 태학사.

전광현(2003), "현대 국어의 방언권", 국어사와 방언 2(재수록), 월인.

전학석(1982), "훈춘지방의 주요방언의 음운수와 그 체계", 연변대학 학보.

전학석(1984), "방언에서 볼 수 있는 'ㄹ'받침아래의 'ㄱ'음에 대하여", 조선어학론문집, 심양민족출판사.

전학석(1991), "함경도방언의 음조에 대한 연구", 연변대학 박사학위논문.

전학석(1996), "류진방언의 음운론적 특성", 조선학연구론문집.

전학석(1996), "육진 방언의 음운론적 특성 - 두만강 이북에 분포되어 있는 육진방언을 대상으로 - ", 말소리 31 - 32, 대한음성학회.

전학석(1998), "연변방언", 새국어생활 8 - 4.

정승철(1985), "제주도 방언의 의문법 어미에 대한 일고찰", 관악어문연구 10, 서울대학교.

정승철(1988), "제주도방언의 모음체계와 그에 관련된 음운현상", 국어연구 84.

정승철(1991), "음소연쇄와 비음운론적 경계 - 제주도방언을 중심으로 - ", 김완진선생님환갑기념논문집, 민음사.

정승철(1994), "제주도 방언의 파생접미사 - 몇 개의 재구형을 중심으로 - ", 대동문화연구 30집, 성균관대학교 대동문화연구원.

정승철(1995), "제주방언의 통시음운론", 국어학총서 25, 태학사.

정승철(1996), "제주도 방언 'ㅎ'말음 용언 어간의 통시론", 이기문 교수 정년퇴임기념논총, 신구문화사.

정승철(1997), "제주도 방언 어미의 형태음소론 - 인용어미를 중심으로", 애산학보 20, 애산학회.

정승철(2002), "국어 활용어미의 방언 분화 - ' - (으)이 - '계 설명·의문 종결어미를 중심으로 - ", 국어학 39, 국어학회.

정승철(2004), "음운사 연구에서의 언어 변화 이론의 수용과 전개 - 'ᄋ'의 음운사 연구를 중심으로 - ", 국어학 43.

정용호(1988), 함경도방언연구, 평양: 교육도서출판사.

정의향(2003), "조선어 방언의 홑모음에 대한 음향학적분석 - 중국의 조선어 주요방언을 대상으로 - ", 연변대학 석사학위논문.

정인상(2000), "통영방언의 활용어미", 인문학지 19.

정인승(1937), "'i'의 역행동화 문제 – 그 원리와 처리방안 – ", 한글 5 – 1.

정향란(2004), "중국 연변 지역 한국어의 파생접미사 연구", 인하대학교 석사학위논문.

정향란(2007), "중국 연변 삼합지역어의 종결어미에 대하여", 방언학 5, 한국방언학회.

趙習·宣德五(1986), "조선어육진말의 방언특점," 민족어문 5.

조일영(1998), "국어 선어말 어미의 양태적 의미 고찰", 한국어학 8, 한국어학회.

주상대(1999), "동남방언 동사 형용사 파생의 성조", 한국어학 10, 한국어학회.

집필조(1985), 중국조선어실태 조사보고 1·2, 료녕민족출판사.

집필조(1993), 중국조선어실태 조사보고, 심양 료녕민족출판사.

채연강(1985), "현대국어 연결어미에 대한 연구 – 의미기능을 중심으로 – ", 성균관대학교 박사학위논문.

채옥자(1999), "중국 연변지역어의 활음화에 대하여", 애산학보 23.

채옥자(2000), "중국 연변지역어의 움라우트현상", 한국문화 26, 서울대학교 한국문화연구소.

채옥자(2002), "중국 연변지역 한국어의 음운체계와 음운현상", 서울대학교 박사학위논문.

최동주(2002), "국어 어미 연구의 나아가야 할 방향", 한국어학 16.

최명옥(1980), 慶北 東海岸 方言研究, 영남대학교 민족문화연구소.

최명옥(1982), 월성지역어의 음운론, 영남대 출판부.

최명옥(1985), "변칙동사의 음운현상에 대하여", 국어학 14, 국어학회.

최명옥(1985), "19세기 후기 서북방언의 음운론 – 평북 의주지역어를 중심으로 – ", 인문연구 7, 영남대학교 인문과학연구소.

최명옥(1988), "국어 움라우트의 연구사적 검토 – 공시성과 통시성의 문제를 중심으로 – ", 진단학보 65, 진단학회.

최명옥(1988), "변칙동사의 음운현상에 대하여", 어학연구 24 – 1, 서울대학교 어학연구소.

최명옥(1990), "방언", 국어연구 어디까지 왔나, 동아출판사.

최명옥(1992a), "경상북도의 언어지리학 – 부사형어미 '아X'의 모음조화를 중심으로", 진단학보 73, 진단학회.

최명옥(1992b), "북한의 어음연구", 어학연구 28 – 3.

최명옥(1992c), "북한의 방언론", 어학연구 28 – 3.

최명옥(1993), "어간의 재구조화와 교체형의 단일화 방향", 성곡논총 24, 성곡학술재단.

최명옥(1995a), "'X]Vst어Y'의 음운론", 진단학보 79, 진단학회.

최명옥(1998a), "현대국어의 성조소체계", 국어학 31, 국어학회.

최명옥(1998b), 국어음운론과 자료, 태학사.

최명옥(2000), "중국연변지역의 한국어 연구", 한국문화 25.

최명옥(2004), 국어음운론, 태학사.

최명옥(2005a), "국어방언학의 체계", 방언학1, 한국방언학회.

최명옥(2005b), "한국어 음운규칙 적용의 한계와 그 대체 기제", 인문논총 53,
          서울대.

최명옥(2006a), "국어의 공시형태론 – 어간과 어미의 형태소 설정을 중심으로 – ",
          이병근선생퇴임기념 국어학논총, 태학사.

최명옥(2006b), "활용어간의 공시형태론, – 평북 운전지역어를 중심으로 – ", 김
          규철 교수 정년기념 논총, 도서출판 역락.

최명옥 · 곽충구 · 배주채 · 전학석(2002), 함북 북부지역어 연구, 태학사.

최윤갑(1992), "중국에서의 조선어의 발전과 연구", 연변조선족자치주창립40돐
          기념출판, 연변대학출판사.

최전승(1987), "이중모음 '외', '위'의 단모음화 과정과 모음체계의 변화", 어학
          14, 전북대어학연구소.

최전승(1990), "움라우트", 국어연구 어디까지 왔나, 동아출판사.

최전승(1997), "용언 활용의 비생성적 성격과 부사형어미 ' – 아/어'의 교체 현
          상", 국어학연구의 새 지평, 태학사.

최전승(2004), 한국어 방언의 공시적 구조와 통시적 변화, 도서출판 역락.

최정후 집필(2005), 조선어력사어음론, 조선어학전서 25, 사회과학출판사.

하신영(2004), "X[C, V] 아/어Y의 음운론적 연구", 국어연구 175, 국어연구회.

한국방송대학교 편(2005), 외국어로서의 한국어학, 한국방송통신대학교출판부.

한두복(1962), 륙진방언 연구(개요), 조선어학 2.

한성우(1996), "당진 지역어의 음운론적 연구", 국어연구 141, 국어연구회.

한성우(2006), 평안북도 의주방언의 음운론, 월인.

한영균(1985), "음운변화와 어휘부의 재구조화", 관악어문연구 10.

한영균(1988), "비음절화 규칙의 통시적 변화와 그 의미", 울산어문논집 4, 울산
          대학교 국문과.

한영순(1967), 조선어방언학, 평양: 김일성종합대학출판사.

한진건(2000), "육진 방언과 중세음의 관계에 대하여", 한국학논집 34.

한진건(2003), 륙진방언연구, 역락.

허웅(1983), 15세기 국어형태론 우리 옛말본, 탑출판사.

허웅(1989), 16세기 우리 옛말본, 샘 문화사.

허웅(1995), 20세기 우리말의 형태론, 샘 문화사.
홍윤표(1994), "구개음화에 대한 역사적 연구", 진단학보 60.
황대화(1999), 조선어방언연구, 료녕민족출판사.
방언연구회(2001), 방언학 사전, 태학사.

정향란

1978년 9월 22일생
중국 연변대학교 조선언어문학학부 졸업, 문학사(2001)
한국 인하대학교 국어국문학과 문학석사(2004)
한국 인하대학교 국어국문학과 문학박사(2008)
현재 중국 천진사범대학교 한국어학과

초판인쇄 | 2010년 10월 28일
초판발행 | 2010년 10월 28일

지 은 이 | 정향란
펴 낸 이 | 채종준
펴 낸 곳 | 한국학술정보㈜
주   소 | 경기도 파주시 교하읍 문발리 파주출판문화정보산업단지 513-5
전   화 | 031) 908-3181(대표)
팩   스 | 031) 908-3189
홈페이지 | http://ebook.kstudy.com
E - m a i l | 출판사업부 publish@kstudy.com
등   록 | 제일산-115호(2000. 6. 19)

ISBN   978-89-268-1578-6 93710 (Paper Book)
          978-89-268-1579-3 98710 (e-Book)

은 시대와 시대의 지식을 이어 갑니다.